endary Less
Chinami's Legenda
endary Lesson Ch
Chinami's Legenda
endary Lesson Ch

伝説の
脂肪ほぐし

Chinami's Legenda

Introduction

過食と拒食を繰り返した
私がたどり着いたのが、
「脂肪ほぐし」でした。

ヤセたい。食べたい。でもカロリーを摂るのが怖い。
がんばっているのに体重が落ちない。
報われない。こんな自分、大嫌い。

もともと自己肯定感が低かった私は、
思い通りにヤセない自分を否定して、
過食と拒食を繰り返すようになりました。

食事を制限するダイエットは、
どうしても体重計とのにらめっこになりがちです。
昨日の成果の結果発表を見て、一喜一憂する日々。
当時の私は、常にカロリーブックをもち歩き、食べたものをメモ。
ローカロリーなスルメばかり選んで食べていて、
最終的には水を飲むのも怖くなりました。
マイナス思考の私は、
「食べたものを確認する」という行為が、
「食べた分だけ太ってしまう」と結びつき、
勝手に自分を追い込んでしまっていたのです。

でも、そんな行き詰まった私を変えたのは、
毎日の「脂肪ほぐし」でした。

実は、食事でのダイエットが向かない人もいる。

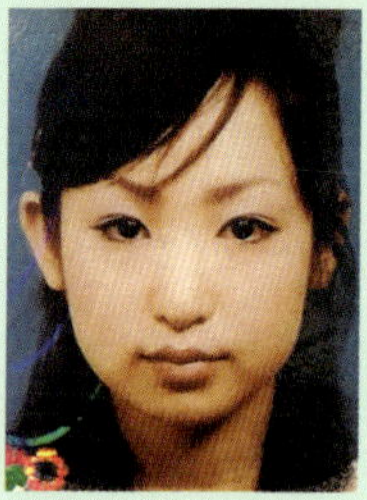

代謝が悪かったころの顔。今のほうが体重は5kgも重いけど、断然ヤセて見えるんです。

ダイエットの成功の秘訣は、ガマンするより、夢中になること。

私は、エステ講師、加圧インストラクターの経験を経て、
この「脂肪ほぐし」にたどり着きました。
筋トレの効果とは違う
「しなやか細BODY」が手に入ると思っています。
お腹には縦のラインがうっすら出てきて、
固く張っていた太ももは、ふわっと柔らかくなって、
脂肪がそげ落ちていく感じ。
女性的な丸みを残したボディメイクができるんです。

この経験が嬉しくて、「顔ほぐし」と、
ボディの「脂肪ほぐし」のレッスンをはじめたところ、
講座生の皆さんも、みるみる細くなっていきました。
今や私のまわりでは究極のボディメイクとして、
脂肪ほぐしが〝伝説〟になりはじめています。

ダイエット成功の最短ルートは、
ガマンすることではなく、夢中になれること。
自分に厳しいダイエットは、もうおしまい。
自分に夢中になれる「脂肪ほぐし」のコツを、
本書でじっくりお話ししたいと思います。

30daysで変わる！

伝説の
脂肪ホグシストたち

一度ほぐしたら、身体が変わってやめられなくなりました！

CASE 01: ちゃあさん

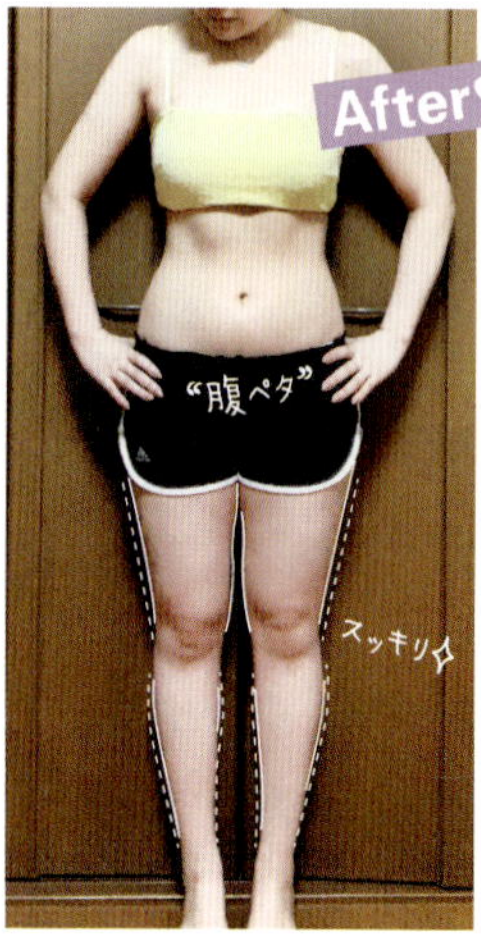

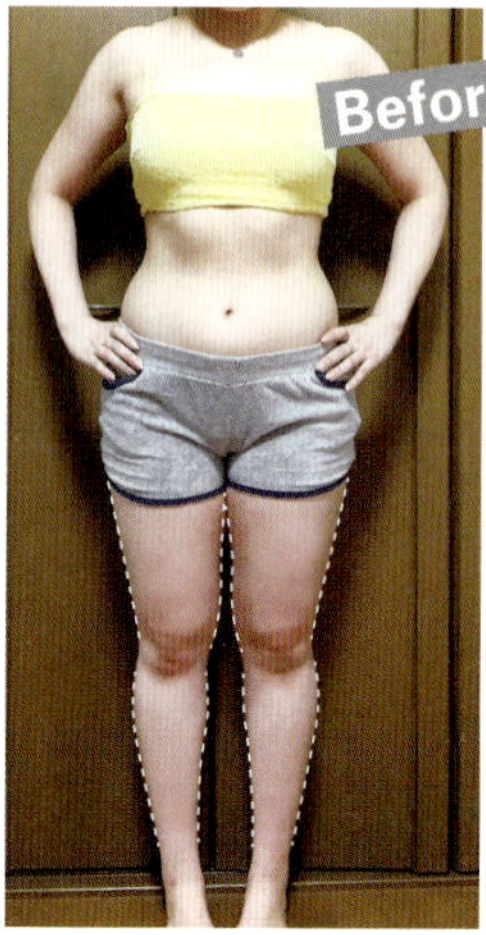

ヒールの靴が好きでよく履いていたら、ふくらはぎを中心に脚がゴツくなってしまって……。糖質制限などをしても、気になるふくらはぎにはアプローチできないし、困っていました。千波さんの30daysチャレンジをはじめて2週間ほどで、足首のむくみがスッキリしてきたのを感じ、嬉しくなりました！

Chinami's Comment

「脂肪ほぐし」をはじめて、急に脚がスッキリしだしました！
原因は足首まわりの固さからくる冷えとセルライト。
このまま継続することで、より変化が出やすい身体になります。
変化を楽しみながら継続してください♥

CASE 02: ともよさん

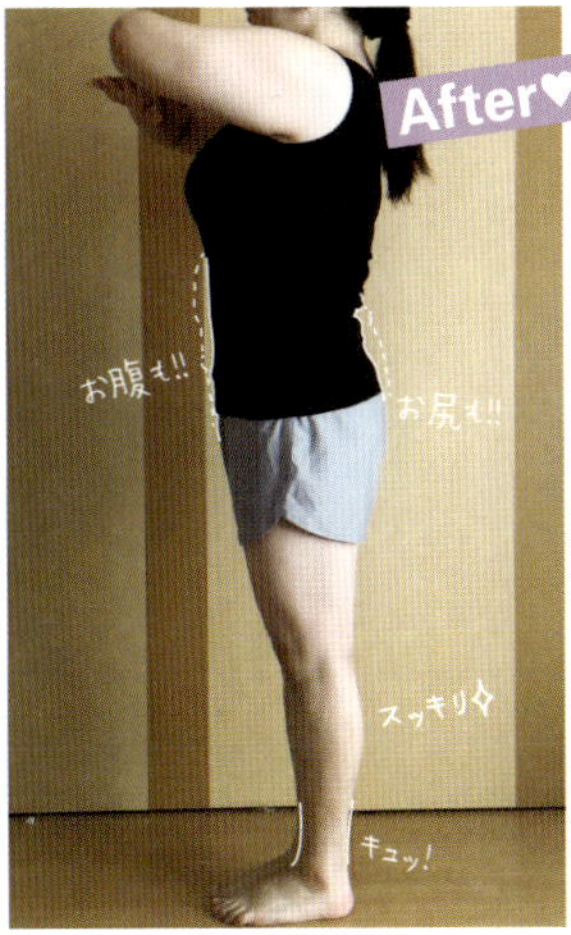

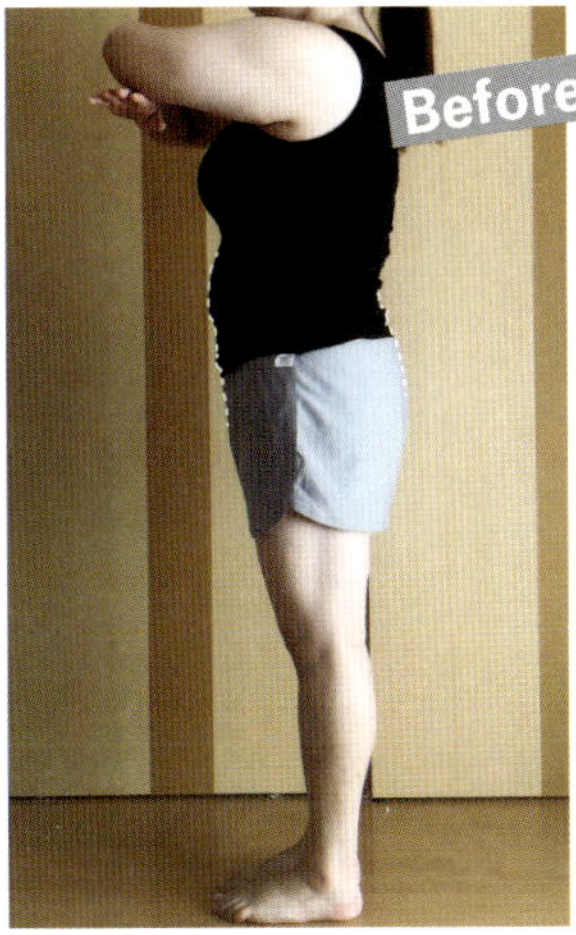

食べることが大好きで、体型は気になっていても、なかなかダイエットができずにいました。とくに食事制限は苦手で……。それが、千波さんの30daysチャレンジで変われました。まずは毎日やるふくらはぎに明らかな変化が！ 毎朝悩まされたむくみもなくなり、靴下の跡が残らなくなりました。どんなに忙しくても、「脂肪ほぐし」だけは！ と思って取り組んできた結果が、こんなに早く出るなんて。やはり継続することは大切だと実感しています。

Chinami's Comment

脚だけじゃなく、お腹もスッキリしていますね！
「脂肪ほぐし」でむくみにくい状態をつくっていくことで、
さらに全身ヤセやすくなっていくはず。
この調子で、まずは30days、全身行ってみてください。

CASE 03: あやみさん

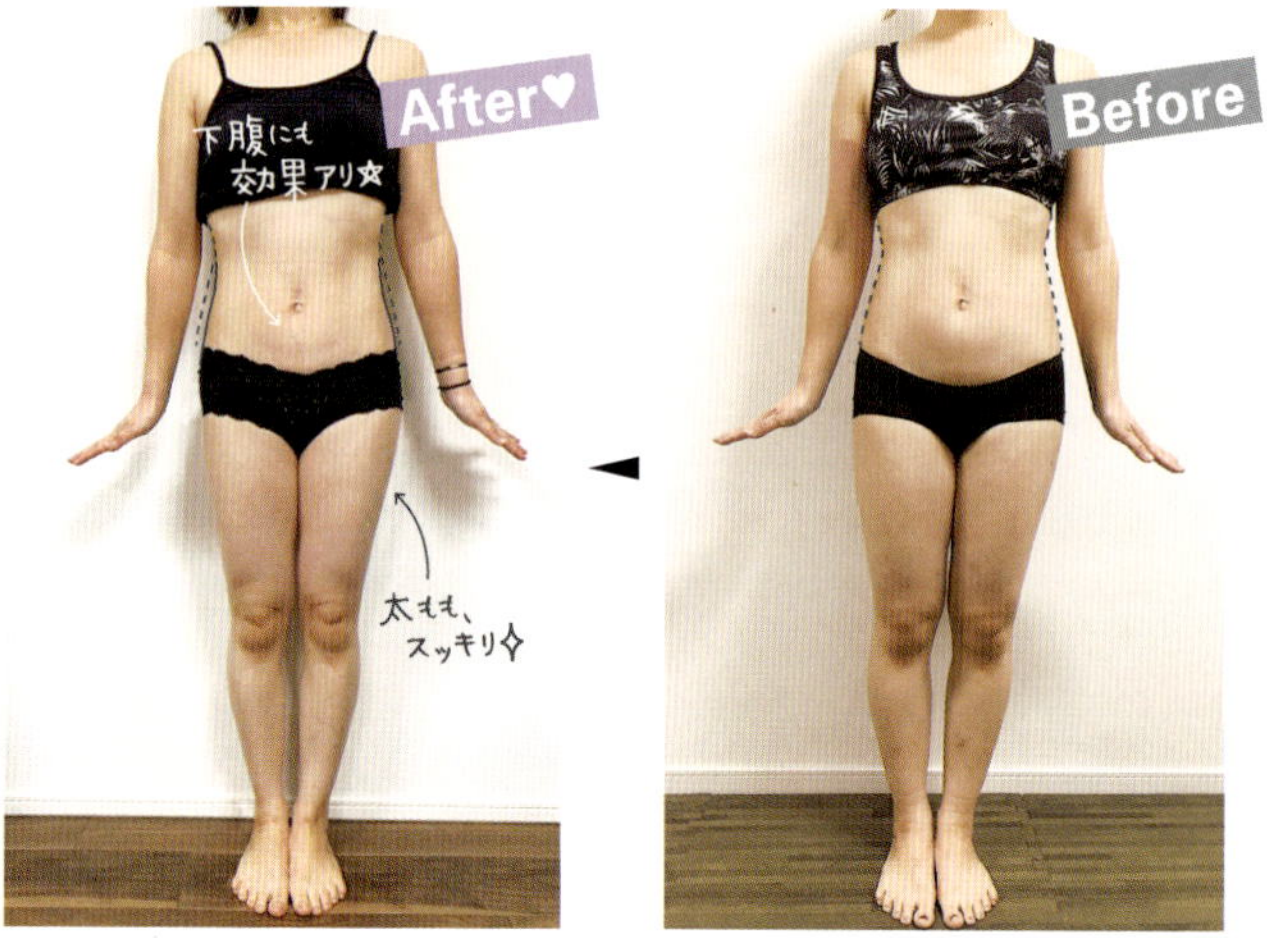

出産するたびに身体のラインが変わっていき、服も体型を隠すためのものを選ぶようになってしまいました。キツイ筋トレはもともとあまり好きではなく、千波さんの方法は「ほぐす」メソッドだというところが気に入りました。毎日のことなので、あまり負担にならないように、時間をかけすぎないようにすることで継続しました。ほんの少し触るだけでも変化が目に見えたので、それがとても楽しみでした。

Chinami's Comment

全身が、とてもスッキリしましたね。
特にお腹は、360°サイズダウンしています。
わき腹のくびれも目で見てわかるくらいに。
これからも続けてくださいね。

CASE 04: さやかさん

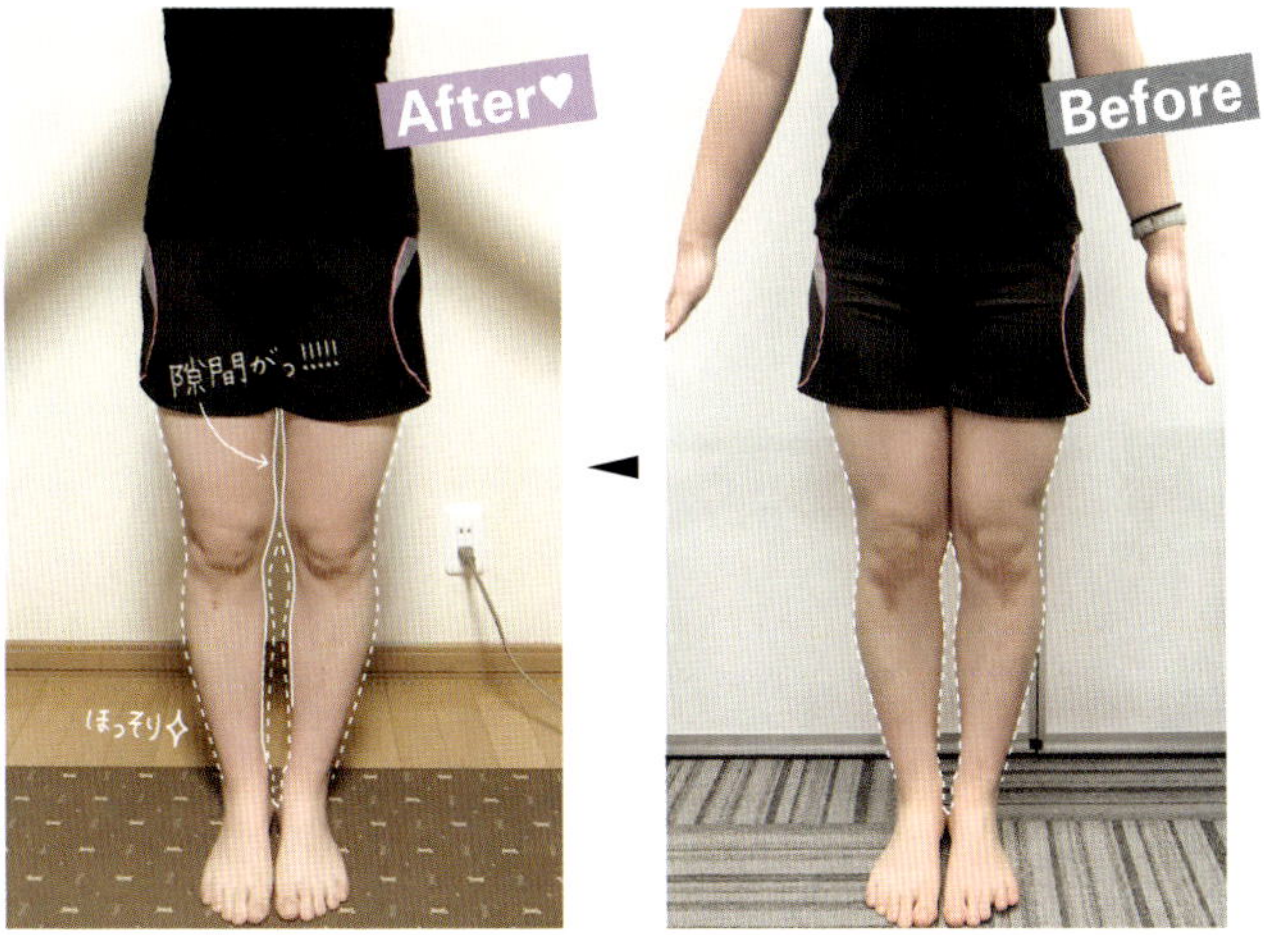

全身ヤセと一生ブレないメンタルをもつことを目標に、千波さんの講座に通いはじめました。30daysチャレンジをはじめてたった3日で太ももののむくみが取れ、すき間ができたので、うれしくて思わずご報告してしまいました♪　ただ体重を落とすだけでなく、ボディラインがキレイに整う「脂肪ほぐし」は、本当にやりがいがあります。30日後が待ち遠しい！　女性らしいしなやかな身体が目標です。楽しみながら続けたいです。

Chinami's Comment

内もも、スッキリしましたね！ 3日目でこの成果。
お会いしたときの表情が明るくなっていたのにも納得です。
ぜひ、全部のステップを楽しみ、
効果を実感しながら継続していってくださいね。

Contents

見違える私になる
30日間の脂肪ほぐし

「1週間続ければ、自分が気づく。
4週間続ければ、まわりが気づく」
講座生の皆さんには、そうお伝えしています。
細くなっていく手ごたえこそ、
最大のモチベーションアップにつながります。
まずは、「なぜ変われるのか」
そのロジックをお話しします。

Part 1:
30days Program
The logic of “Chinami's legend”

ホグシストたちがわずか30日間でヤセた理由は『脂肪ほぐし』でした！

ヤセたい、キレイになりたいと願う女性を、私はこれまで何人も見てきました。皆さん、「これだけしか食べていないの？」「こんなに筋トレしているの？」と美容家である私がびっくりするほど、涙ぐましい努力をしています。にもかかわらず、「ツライわりにヤセない」「体重が減っても脚だけは太いまま」。そんな「ダイエットしているのになかなかヤセない」人たちをたくさん見てきて、思うようにヤセない身体には、共通点があることに気づきました。**驚くほど冷たく、決して筋肉質ではないのにカチカチだったのです。**

もちろん、ただ体重を落とすなら、食事制限や筋トレといった方法も間違いではありません。食事制限をすれば摂取カロリーが減りますし、筋トレで代謝は上がります。ただし、低エネルギーの食事は身体を冷やしますし、筋トレに見合ったケアをしないと筋肉や筋膜などの結合組織が固くなってリンパ液や血液の流れに支障をきたします。つまり、冷たく固い身体をつくってしまうのです。

「冷たいのは血行が悪いせい」「固いのは筋膜が張っていて血液やリンパ液の流れが悪いせい」。そうか、だから冷たくて固いとヤセないんだ！　と気づきました。そのような身体は血液やリンパの流れが悪く、セルライトができやすいのです。では、**冷たく固い身体を、くだくようにほぐすことで、温かく柔らかいヤセ体質に変えていったらどうだろう**、と考えました。

そこで講座生の皆さんに、触って冷たい部位、固い部位などに、押したりもんだりすることで圧を加え、脂肪をほぐしていってもらいました。ダイエットへのエネルギーを、脂肪ほぐしにスライドしてもらったのです。

ダイエットをすることにストレスを感じていたある人は、その重圧から逃れられて表情が明るくなりました。長年悩んでいた便秘が解消し、ウエストが3㎝細くなった人もいます。私も筋トレばかりしていてケアをあまりしていなかった時期があったのですが、身体をほぐすようになって、腰やお腹が本当に薄くなったし、太ももの内側に隙間ができるようになったのです。

これから皆さんに、まずはそのメカニズムをお伝えしていきましょう。

脂肪ほぐしが
固太りに効くワケ

筋膜は全身を覆うボディスーツ 合わないサイズを ムリヤリ着ていない？

さて、思うようにヤセない身体の共通点は、固くて冷たいこと。つまり、「固太り」だということがわかりました。**固太りとは、筋肉に弾力や柔軟性がなくて固い身体、そして、その筋肉の固さによって、血管やリンパ管を圧迫して冷えている、セルライトができている身体のことです。**

正確にいうと、固くなるのは筋肉や筋膜を含む結合組織です。筋肉とは、数々の繊維状の筋繊維が束になったもの。ネット状の筋膜が束ねていて、その筋膜は全身に張り巡らされています。つまり私たちは、筋膜というボディスーツを着ているようなものなのです。

例えば、身体本来の洋服のサイズは１６０㎝のＭサイズなのに、まったくサイズの合わない、小さすぎる、１５０㎝までの人が着るようなＸＸＳのボディスーツを着ていたとしたらどうでしょう。

まず、動きづらい。**可動域が狭いためひとつひとつの動きが小さくなり、活動量が落ちて消費カロリーが減ります。さらに、窮屈すぎて血管やリンパ管を圧迫してしまいます。**仮に、自分のベストサイズより2サイズ下のデニムをなんとか穿けたとしても、動作がしづらいことは想像に難くありませんよね。そして圧迫の強いものを長時間穿き続けると、身体にさまざまな不具合を引き起こしてしまいます。

かつてこんなニュースがありました。オーストラリアでデニムを穿いたまま、同じ姿勢で何時間もいた女性が、脚にしびれを感じはじめ、脚がはれ上がり……なんと4日間も入院してしまいました。サイズの合わないデニムで下半身を圧迫し続けてしまった結果、血液やリンパ液の流れが妨げられ、体内の循環に悪影響を及ぼしてしまったのです。これが全身を覆うボディスーツだったら……。考えるだけで、恐ろしいことですよね。

筋膜が固い身体は、サイズの合わない、小さすぎるボディスーツをムリヤリ身につけているのと同じこと。まずはボディスーツ、つまり筋膜を、かたよりのない、柔らかい状態に戻しましょう。動きやすくなって血管やリンパ管の圧迫も解消され、燃焼しやすい身体に変わることができるのです。

CHECK!

知らぬ間に
キツキツ筋膜!?

あなたの固太り度チェック

押して CHECK!

僧帽筋《そうぼうきん》や胸鎖乳突筋《きょうさにゅうとつきん》をつかんだり、肩を親指以外の指の先で押したりしてみて。固さやハリ、コリ、痛みなどがあるかないかをチェックしましょう。

固さや痛みなどの違和感がある場合は、首や肩が凝っている証拠です。長時間悪い姿勢でいたり動かなかったりすると、首や背中などの特定の筋肉が引っ張られます。すると筋肉が随所で固くなってコリを引き起こし、血流障害が起こってしまうのです。

押して CHECK!

親指以外の指をみぞおちの両側の肋骨のキワに置きます。肋骨を握るようにして、その指を入れ込んでみましょう。胃や肝臓が近いので強すぎない圧で押してみてください。横隔膜に痛みや固さがないか、チェックしましょう。

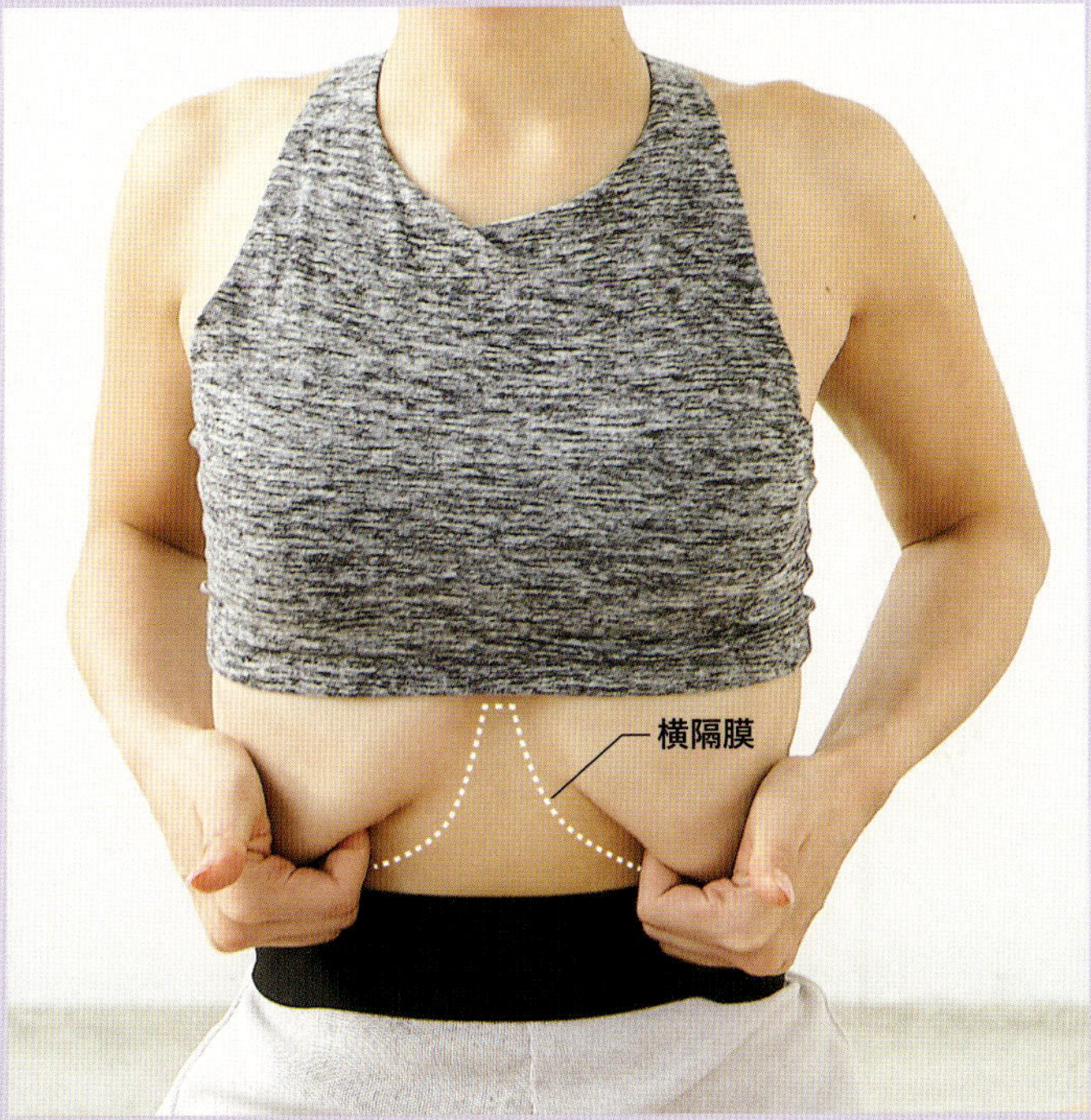

横隔膜が固くなっているのは、呼吸が浅いのが原因です。呼吸のたびに上下に動く横隔膜は、呼吸が浅いと動きが小さくなり固くなります。呼吸が浅くなると、心臓から押し出される血液量が減って血流が滞り、連動するリンパ液の流れも滞ります。

つまんでCHECK!

太ももの外側や前側を、手の親指と人差し指だけでつまんでみてください。指の腹だけでつまめるかどうか、また、つまめても痛みはないか、あるいは表面がでこぼこしていないか、冷えていないかなどをチェックします。

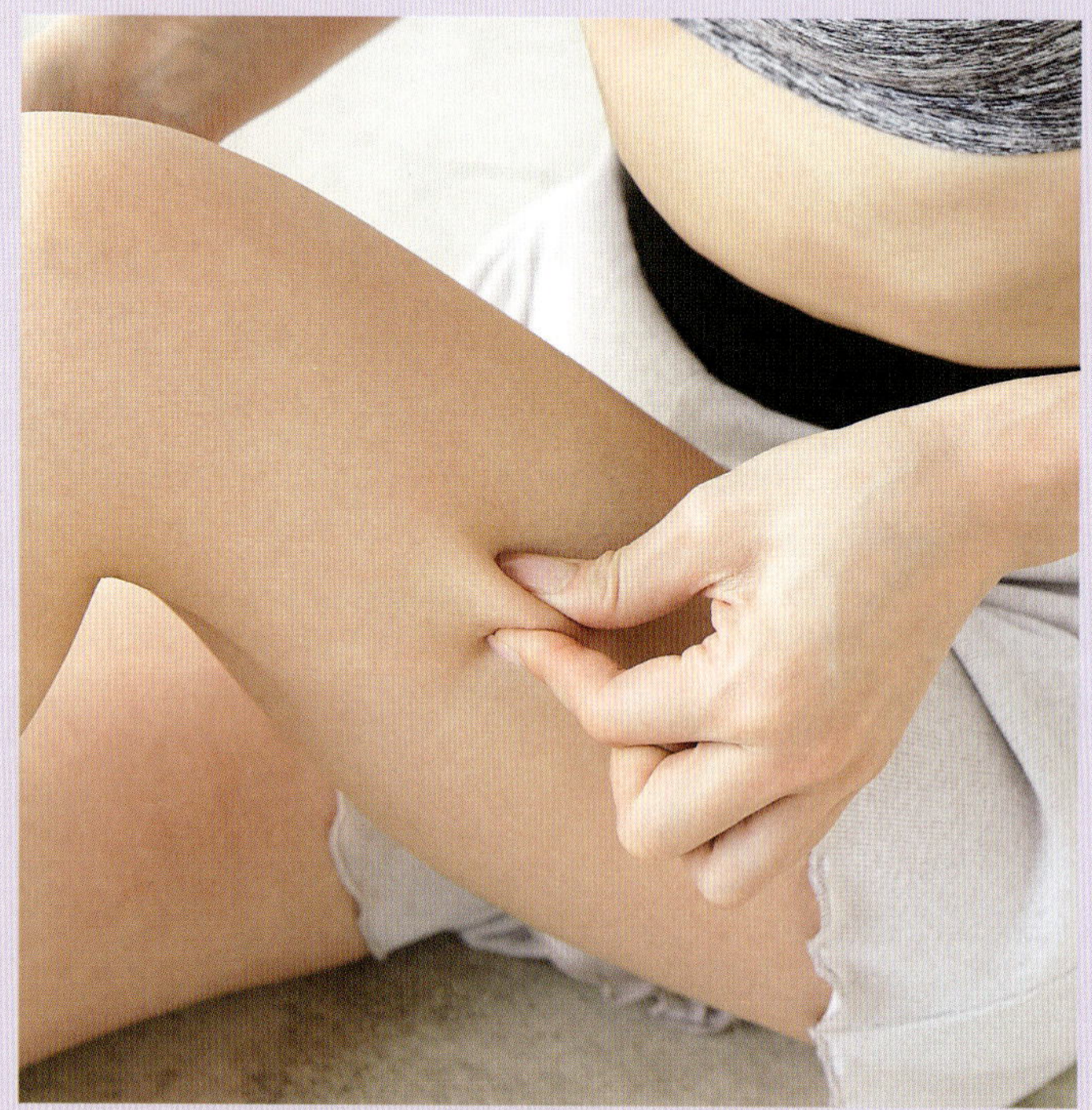

指で太ももをつまめなかったり、つまめても痛かったりするのは筋肉が凝り固まっているからです。一方、でこぼこがある場合、セルライトの可能性が。これらが当てはまる場合、血流が滞っているので、たいていは触ると冷たく感じるくらい、冷えています。

3つとも当てはまった人……

固太り認定

可動域の狭いキツキツ筋膜の状態の人

正真正銘の固太りです！ 食事を減らしても、ウォーキングやランニングをがんばっても、なかなか思うようにヤセていない、という実感があるのがこのタイプ。筋肉や筋膜が固く、身体のめぐりが滞っているため、脂肪がだんご状にセルライト化してカチカチの身体になってしまっています。大至急、脂肪をほぐす必要があります！

1〜2つ当てはまった人……

部分的 固太り認定

部分的に筋膜が引っ張られている人

姿勢のかたよりなどが原因で、特定のある部位が、特に固太りしているタイプです。結果的にその凝っている部分がおおもとになって、腰や肩が痛むという人もいます。コリやハリは連鎖反応を起こしてあっという間に全身が固太りしてしまいやすいので、注意が必要です。今のうちに全身の固い部分をくだくようにほぐしておきましょう。ヤセやすい身体に変わることができます。

1つも当てはまらなかった人

しなやか筋膜美人

どのチェックも当てはまらなかった人は、日々のケアをきちんとしている人です。柔軟性のある筋肉で活動量も多く、呼吸も浅くならずに冷え知らず。こういう人は食べても太りづらく、仮に太っても少し動けば簡単にヤセられる理想の身体のもち主です。ヤセやすいだけでなく、コリやハリなどもなく、健康そのもの。日々のケアをこれからも続けていってください。

“痛い”
のは、なぜ悪い？

身体の使い方がかたよっていて筋肉が張ったり凝ったりしているから！

押して痛いということは、その箇所が張ったり凝ったりしているせいもあります。では、なぜ身体のある部位が張ったり凝ったりするのでしょうか。
筋膜は1枚のボディスーツのようなものだとお話ししてきました。身体にジャストフィットしたしなやかなボディスーツ＝筋膜を着ている限り、動きにくいことはありません。ところが、バランスの悪い身体の使い方をしていると、あちこちにおかしな負担がかかります。この負担によって筋膜＝ボディスーツのあっちが凝り固まったり、こっちが引きつれたりして、身体のある箇所に痛みが出てしまう場合があるのです。

また、**横隔膜を押して痛みを感じるということは、固くなっている可能性があり、呼吸に影響することも。呼吸が浅くなると酸素が足りなくなり、脂肪が燃焼しづらくなってしまいます。**

"冷たい"
のは、なぜ悪い?

身体の隅々まで血液もリンパ液も流れず、脂肪が燃えないから!

一方、身体が冷たいということは、脂肪が多く、血流が悪いということ。**血液は、栄養と酸素と一緒に「熱」も運んでいます。つまり、身体のどこかを触ってみて冷たいと感じるのは、血液がうまく流れていないからなのです。**血液が流れていないということは、栄養も酸素も届かないということ。酸素が届かなければ、脂肪を燃やすことができません。悪循環です。

また、血液とリンパ液は運命共同体で、どちらかが滞るともう一方も滞ってしまいます。血管とリンパ管は近い位置にあるため、例えば脂肪の塊が血管を圧迫していたらリンパ管も圧迫されています。血液とリンパ液が滞ってしまうと、血流の悪い身体で細々と燃やした脂肪の老廃物でさえも排出することができなくなってしまい、脂肪の燃えないめぐりの悪い身体になってしまうのです。

固太りをつくる三大原因は筋膜・リンパ・脂肪細胞にあり！

多くの人が悩んでいる固太り。22〜25ページで身体の状態をチェックしてもらったのは、固太りの程度をチェックしていただきたいのと同時に、なぜ固太りしてしまうのか、その理由を知ってほしかったからです。理由や原因がわかれば対処の仕方、解決方法がわかります。私がなぜ、「脂肪ほぐし」にたどり着いたのか、納得していただけると思います。

身体を触るとガチガチに固くて冷たい固太りですが、これは決して遺伝によるものではありません。長年のライフスタイルや身体の使い方のクセ、姿勢の悪さなどが原因です。それらによって筋肉などの結合組織が固くなってハリやコリを生じ、呼吸が浅くなって脂肪が燃えず、さらに血液やリンパ液の流れが悪くなって老廃物が溜まりやすくなります。結果、セルライトと呼ばれる脂肪細胞ができやすくなってしまうという悪循環を招きます。

筋肉や筋膜が固いと、身体の動きが制限されます。20〜21ページで説明しましたが、筋膜は筋肉を覆う、いわばボディスーツのようなもの。これがキツければ、動きづらいのは当然です。また、たとえ1か所でも凝ったりバランスが悪かったりして引きつってしまうと、ほかの場所も連鎖的に引きつったり固くなったりしていきます。

そして、**固くなった筋肉は、血管やリンパ管を圧迫します。**そのためリンパ液や血液の流れが悪くなってしまうのです。すると栄養と酸素が身体の隅々まで行き届かず脂肪が燃焼されづらくなるばかりか、**細胞から出たさまざな〝ゴミ〟である老廃物がうまく排出されません。**血液が酸素や栄養素を運び、静脈を流れる血液とリンパ液が二酸化炭素や老廃物を回収しているからです。**老廃物が回収されなくなるとどうなるか。むくんで、代謝が低下します。つまり燃焼しづらく太りやすい身体になってしまうのです。**

固い、冷たい身体が、どのようにして固太りを招いているのか、しくみがわかっていただけたでしょうか。その身体のまま食事制限や筋トレ、有酸素運動などをしても、なかなか効果は上がりません。まずは「脂肪ほぐし」で、柔らかくしなやかな温かい身体をつくるのが、ヤセ体質になる近道なのです。

固太りをつくる
三大原因❶

凝り固まった筋膜

筋膜は、繊維状の筋繊維を束ねているネットのようなものであると同時に、全身を1枚で覆っているタイツのようなもの。この筋膜が**姿勢のクセや身体のゆがみの影響を受けると、萎縮や癒着を引き起こし、身体の動きを妨げます。**

例えば、肩より顔が前に出てしまって背中が丸まっている猫背では、背中の筋膜が前へ引っ張られている状態です。すると筋膜や筋肉にかかる※テンションが不均等になるため、固くなって血管やリンパ管を圧迫してしまいます。

そのため疲労物質などの老廃物を体内から排出できず、脂肪を燃やす酸素を届けることができなくなってしまうのです。

筋肉の構造

筋繊維が集まった束が集合して構成されているのが筋肉。その表面を覆っているのが筋膜で、筋膜が固くなったり、癒着したりすると動きが悪くなります。

※テンション…緊張、張り詰めた状態のこと。筋膜がところどころ固くなることで不自然に突っ張ったり引きつれたりしてしまう。

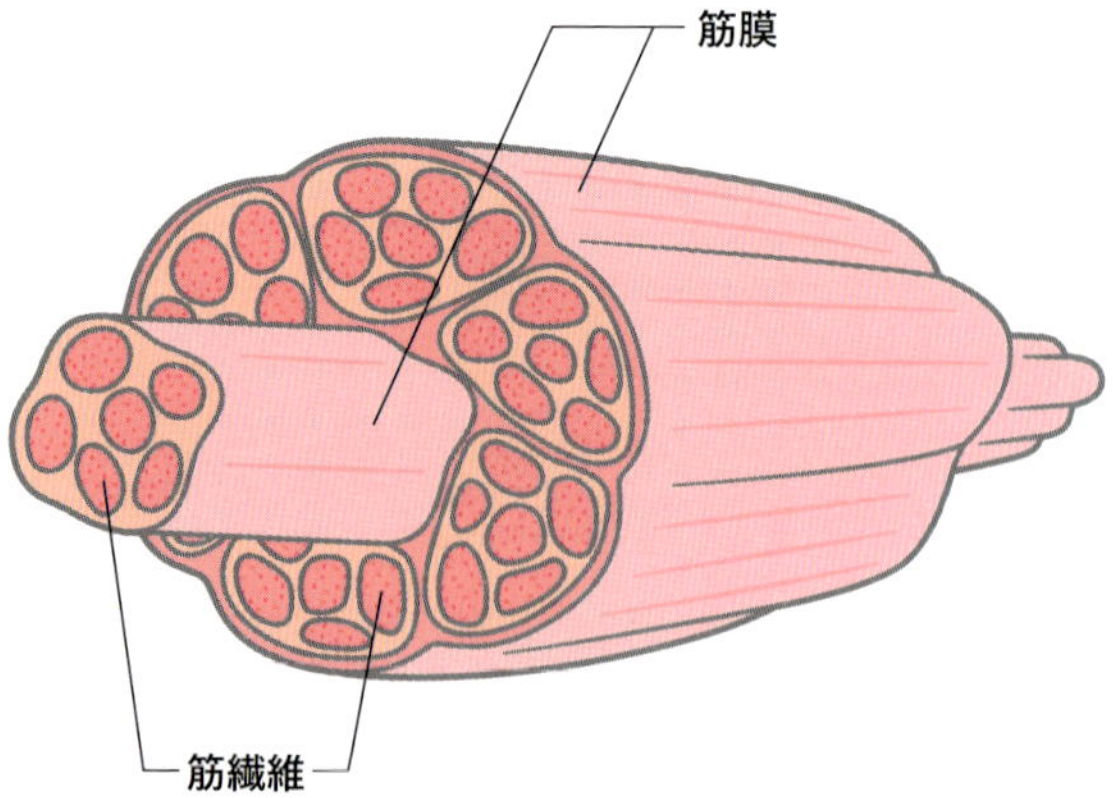

筋肉を覆う筋膜の萎縮と癒着

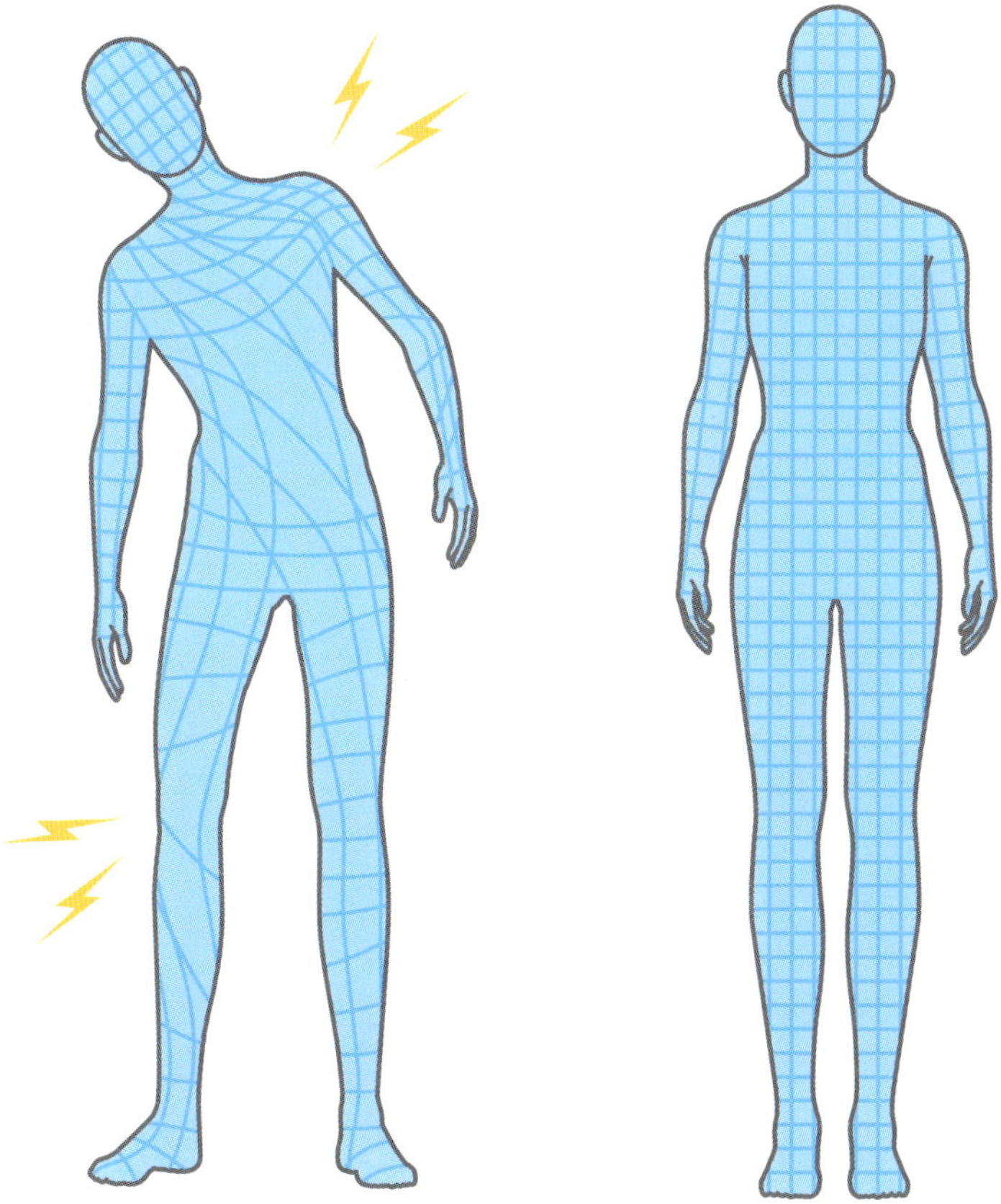

30代に入った頃から筋膜の潤滑油であるヒアルロン酸や、構成するコラーゲン、エラスチンが減少するため、筋膜の柔軟性が低下します。さらに、身体を動かさなかったり特定の筋肉を使いすぎたりすることで、固くなったりねじれが起こったりして、癒着や萎縮の原因となります。この癒着や萎縮を解消してあげることが、柔らかい筋肉、柔らかい身体とつながっていきます。

固太りをつくる
三大原因❷

詰まったリンパ管&リンパ節

まず、心臓から送り出される血液が、体内の隅々にある細胞に酸素と栄養を届けて、エネルギーをつくり出します。その際に出た二酸化炭素や老廃物を回収するのが静脈血とリンパ液。リンパ液はリンパ管を通り、フィルターの役目をするリンパ節でろ過されて、最終的にはキレイな血液となって静脈へと戻っていきます。

しかし血管にとっての心臓のようなポンプの役割をするものが、リンパ管にはありません。リンパ液は、リンパ管のまわりにある筋肉や横隔膜などが動くことで流れるため、非常にゆっくりです。しかも、ちょっとしたことで滞ってしまいます。また、**おへそあたりにある乳び槽《にゅうそう》は、左上半身と下半身のリンパ管が集結する、体内で最大のリンパ液の集合部です。ここが滞っても、やっぱり老廃物は行き場を失い、溜まっていきます。**

リンパ液が滞るということは、老廃物をうまく排出できなくなるということ。その結果〝ごみ〟があちこちに残る身体となり、固太りの原因になります。

リンパ系の構造

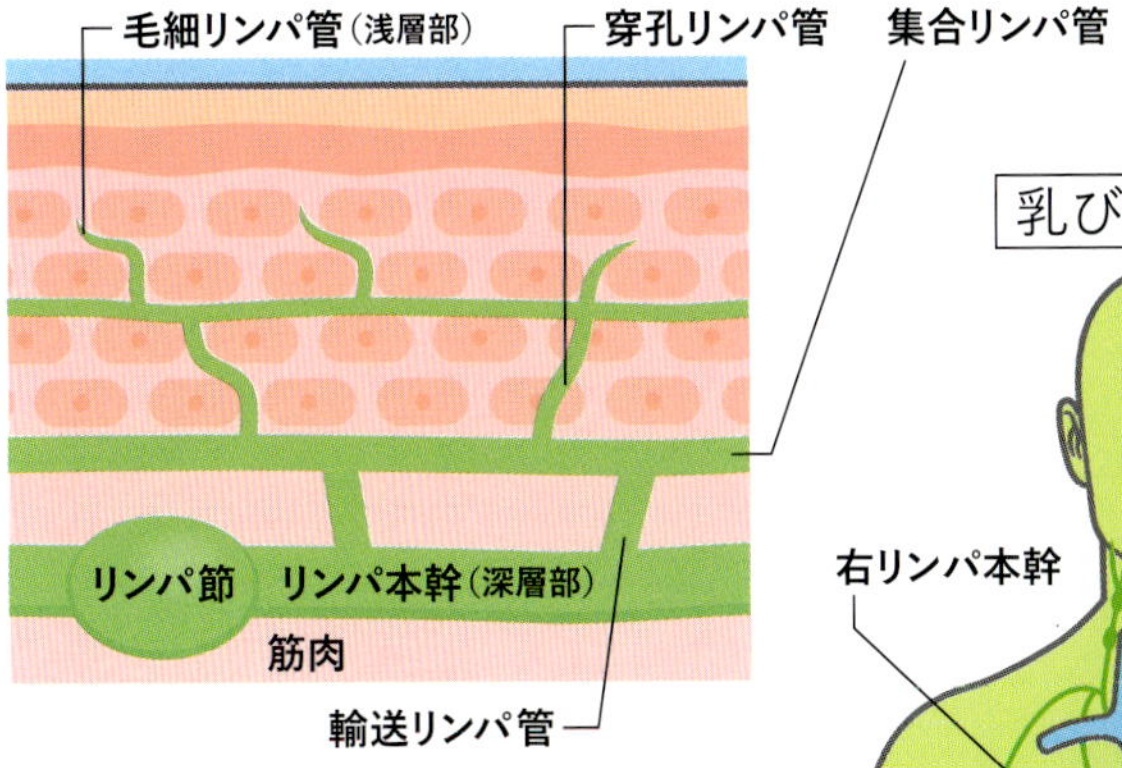

皮膚の下にあるのが浅層部のリンパ管で、毛細リンパ管、集合リンパ管、輸送リンパ管。リンパ液は浅層部から穿孔リンパ管を通って、深層部のリンパ幹へと流れます。

乳び槽の位置

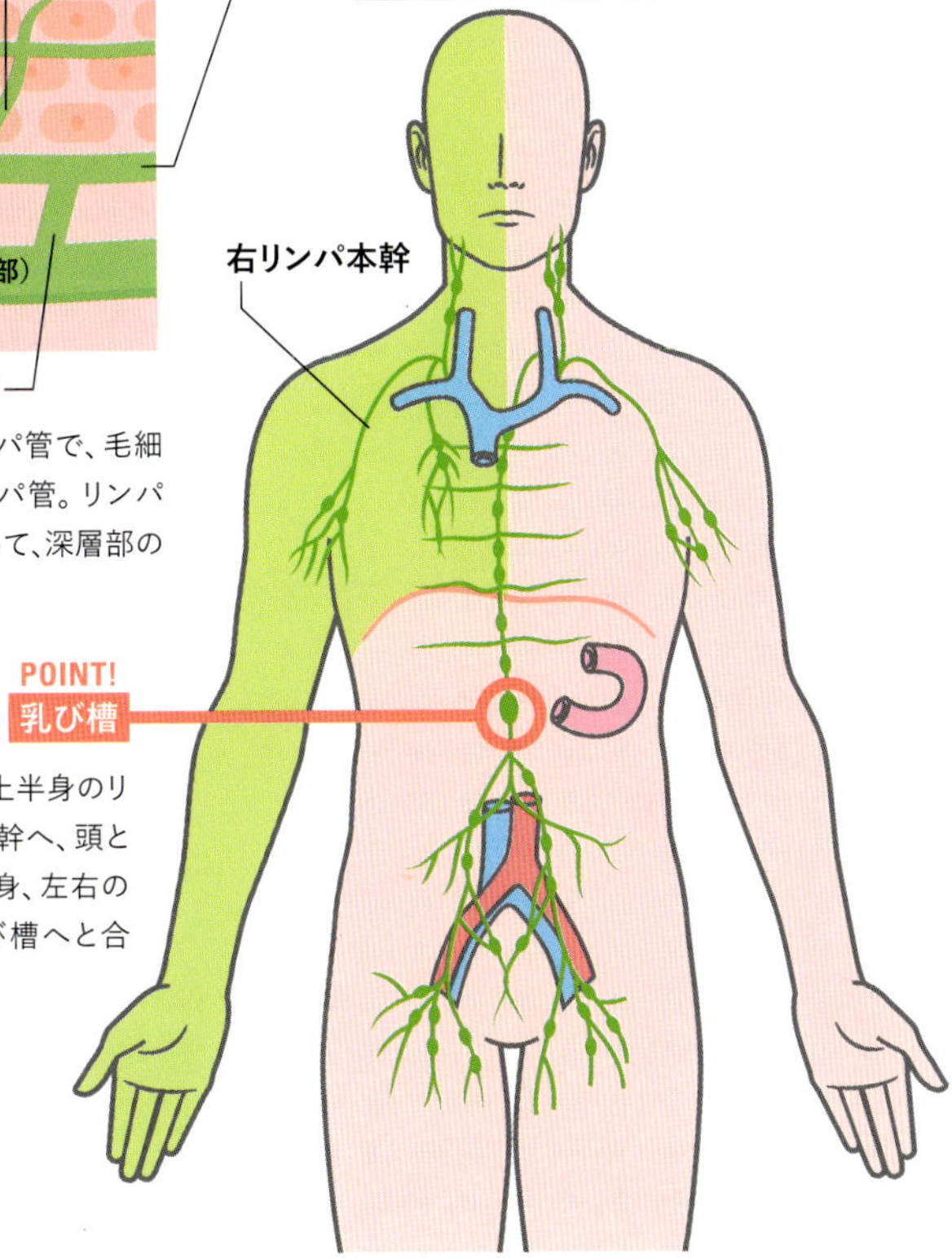

頭や首の右側、右の上半身のリンパ管は右リンパ本幹へ、頭と首の左側、左の上半身、左右の脚のリンパ管は乳び槽へと合流します。

乳び槽とは、リンパ液と脂肪が合わさる場所。液体が乳白色であることからこの名がつきました。左上半身と下半身のリンパ管が集結するリンパ液の集合部です。また、リンパ本管は深層部にあります（上図「リンパ系の構造」）。この2つを滞らせない、詰まらせないことが「脂肪ほぐし」の2つめの目的。しっかりとした圧をかけてまわりをほぐし、リンパ液の流れを促していきましょう。

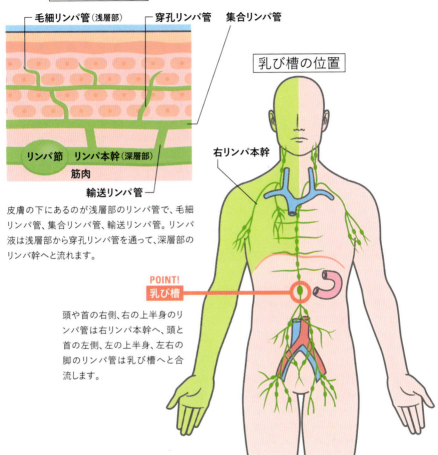

固太りをつくる
三大原因❸

だんご状になった脂肪細胞

太ももの外側やお尻、裏太ももなどに、皮膚の上からでも触るとわかるでこぼこができてしまうことがあります。これがセルライトです。

脂肪細胞が変性して肥大化すると、だんご状になってくっついて、大きな塊になっていきます。すると、**この塊が血管やリンパ管を圧迫して、血液とリンパ液の流れが悪くなってしまい、脂肪を燃やすための酸素が運ばれず、老廃物を排出するためのリンパ液も滞ってしまいます。**この塊に、さらにコラーゲンや老廃物がからみつくことでセルライトとなり、どんどん大きくなっていきます。こうなってしまうと、負の連鎖が起きてしまいます。大きくなったセルライトが血管とリンパ管を圧迫し続け、脂肪が燃えず、排出されることもなく溜まっていってしまうからです。こうして固太りが生まれます。まずはこのセルライトに血液とリンパ液が届くようにしてあげないといけません。もみほぐすことで柔らかくして、血管やリンパ液への圧迫を軽減することが目的です。

セルライトができるメカニズム

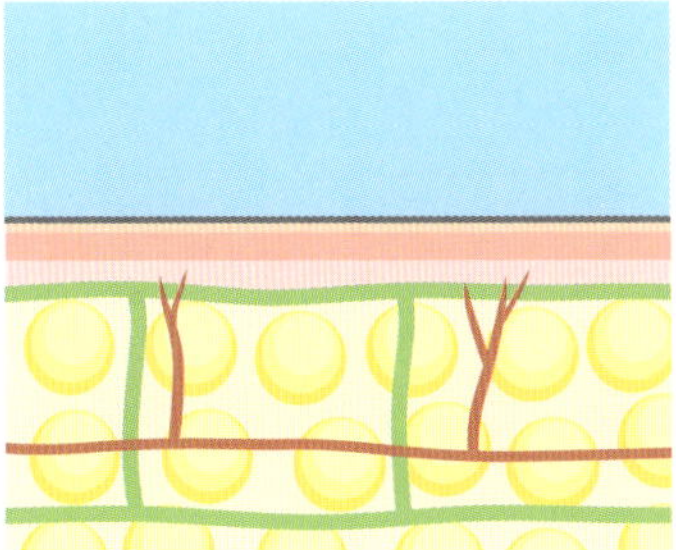

通常の脂肪細胞

血管やリンパ管に抵触しておらず、血液やリンパ液がスムーズに流れています。栄養や酸素が行き届き、老廃物もきちんと排出されます。

▼

セルライト発生!

ハリやコリで筋肉が固くなったり、血液やリンパ液の流れが悪くなった結果、老廃物が排出されなくなります。排出されなかった老廃物は、脂肪細胞に付着します。

▼

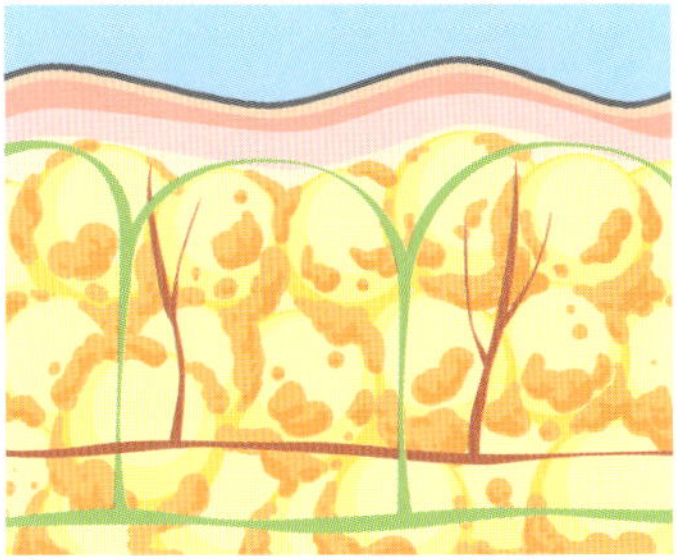

さらに悪化すると……

肥大化した脂肪細胞により、リンパ管や血管はさらに圧迫されてしまいます。老廃物は溜まる一方で、肌表面がでこぼこするほど肥大化してしまいます。

「脂肪ほぐし」が
続く理由

脂肪の〝攻めどころ〟だけ入念にほぐすから！

よく「部分ヤセはできない」といわれます。でも、安心してください。「脂肪ほぐし」では、気になる部位に確実に結果が出せます。個人差はあれど、30日で必ず、誰もが何かしら変われます。だから続くのです。

「部分ヤセはできない」というのは、細くしたいところだけにしか目が行っていないからです。けれども、私たちの身体は1枚の筋膜でぴっちりと覆われているのですから、どこかがバランス悪く引っ張られていたら、ほかの場所も引っ張られて固く、冷たくなっていきます。つまり、ある部位が気になるのなら、そのおおもとになっている「引き金」があるはずなのです。

私は、身体には効果的なほぐしどころがあると考えています。より効果的に細くしなやかにヤセるために、「脂肪ほぐし」のハウツーではそのポイントを的確にお伝えしていきます。

「脂肪ほぐし」が
続く理由

ポンプをきちんと働かせて老廃物をリセット！

リンパ管には血管における心臓のようなポンプ機能がなく、周囲の筋肉が動くことで、なかのリンパ液が流れるしくみになっています。リンパ管には深浅があり、浅いところにあるリンパ管は軽擦《けいさつ》（軽く撫でること）で十分流れを促せるといわれます。ですが、私の「脂肪ほぐし」は少し違います。

確かにリンパ管は皮膚のすぐ下にありますが、**その下の筋肉が凝り固まっていたり、セルライトができて脂肪細胞が肥大化したりしてリンパ管を押しつぶしていたら、いくら撫でても流れません。脂肪細胞や筋肉がほぐれれば、リンパ液は流れやすくなります。**また、しっかりとした圧は、リンパ本幹（33ページ参照）にも働きかけるためのもの。「脂肪ほぐし」は、リンパ液の流れをしっかり促す方法だからこそ、結果が出やすいのです。

脂肪の攻めどころMAP

人間の身体には脂肪のつきやすいところとつきにくいところが点在しています。ですから、身体のすべての箇所を同じ力でもみほぐす必要はありません。私の「脂肪ほぐし」では、固太りの原因となる筋膜、リンパ液と血液、そして脂肪細胞にしっかりとアプローチできる箇所をピックアップして、ほぐすべき場所だけを攻める理論に落とし込んでいます。

「脂肪ほぐし」は、30日のデイリープログラムと、1週間ずつの部位別プログラムに分かれています。まず30日間毎日、リンパ管のポンプである**ふくらはぎ**、そして排出の要である腸と乳び槽に働きかけていきましょう。そのうえで1週間ずつ、**攻めどころである太もも、お尻、腰、わき腹、肩甲骨、腕**に、個別にアプローチしていくのです。もちろん、ダイエットには呼吸も深くかかわっているため、横隔膜もほぐします。詰まりやすい下半身は、大きなリンパ節であるそけい部もきちんとフォローしておきましょう。1か月で脂肪の攻めどころすべてに働きかけられるつくりになっています。

「脂肪ほぐし」で肥満のおおもとを断つ!

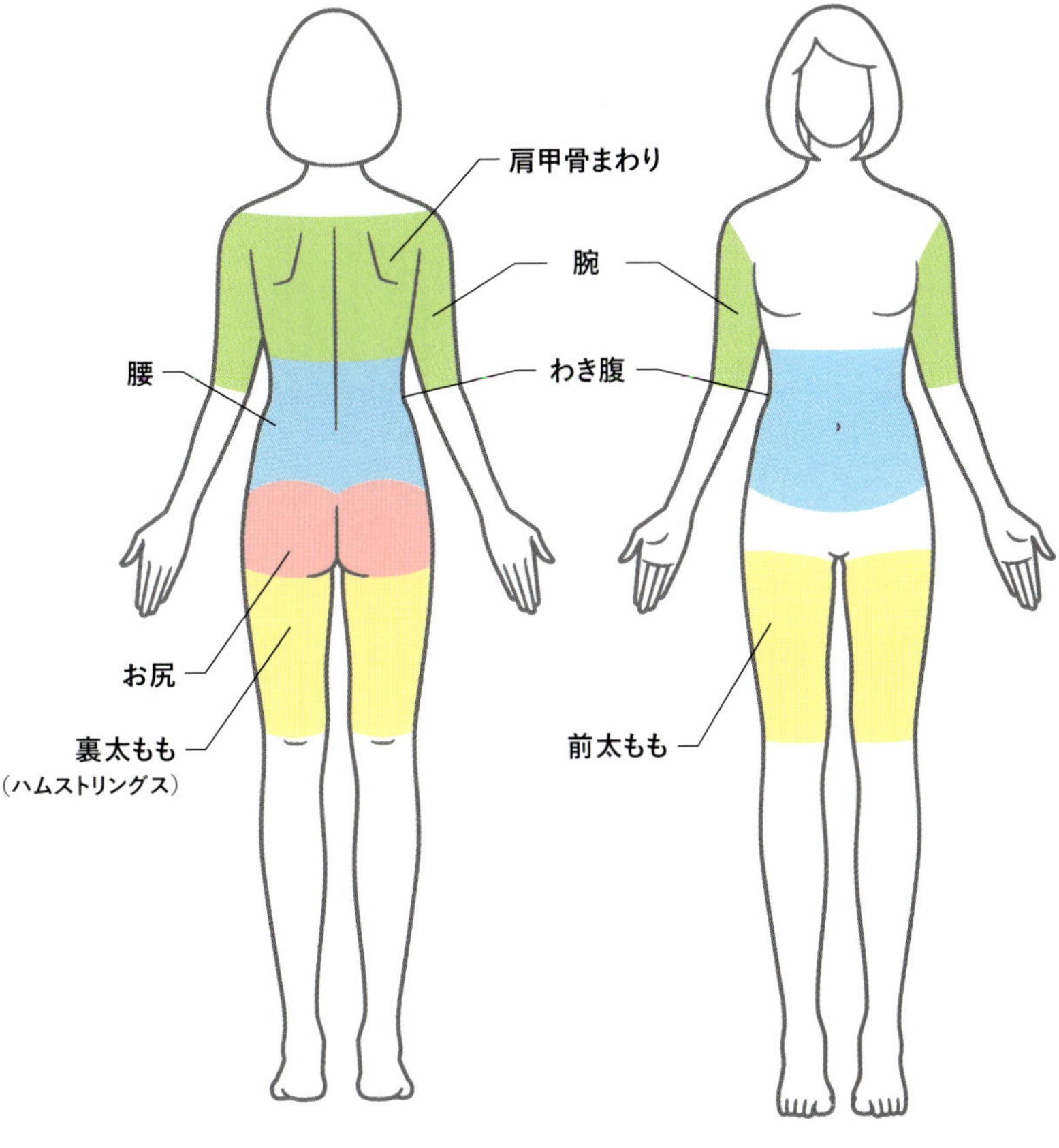

1週目は**太もも**、**お尻**、2週目は**腰**、**わき腹**、4週目は**肩甲骨まわり**、**腕**。この4地域が「脂肪の攻めどころ」です。「脂肪ほぐし」では攻めどころを、固く、冷たくならないよう、しっかりとくだくようにほぐしたうえで、排出のスムーズな身体をつくるために、3週目には横隔膜、そけい部にも働きかけます。

Part 2:
Let's Try!
I will be an ideal for me.

伝説の脂肪ほぐし

いよいよ「脂肪ほぐし」のハウツーです。
実際、私はこの本のためにいろいろと自分の身体で試してみて
「くだくようにほぐせば、
しなやかな細い身体になれる！」と確信しました。
オイルやクリームを使うので
肌もしっとりとキレイになります。

毎日行うべき2大ポイント

Daily Program:
30days
ポンプと腸を動かす

リンパ管のポンプであるふくらはぎ、排出の要である腸、下肢と左上半身のリンパ管が集結している乳び槽だけは毎日ほぐすと効果が得られやすくなります。

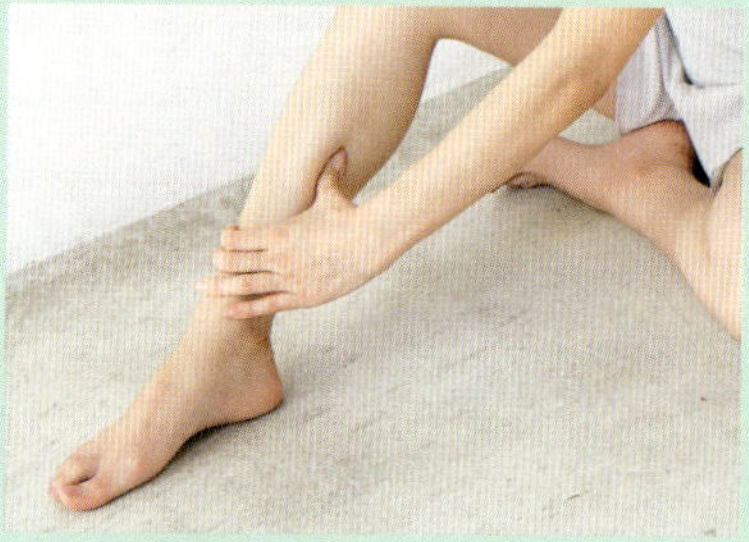

01 ふくらはぎ

筋肉の収縮と弛緩によって血液とリンパ液を心臓へと戻す、いわばポンプの役割を果たすのがふくらはぎです。リンパ節のあるひざ裏に向かって押したり圧を加えたりします。骨に沿って行うのがポイントです。また前側のすねのあたりは、ハリ感が強い人が多いので、押してほぐして、柔らかい状態を保っておきましょう。

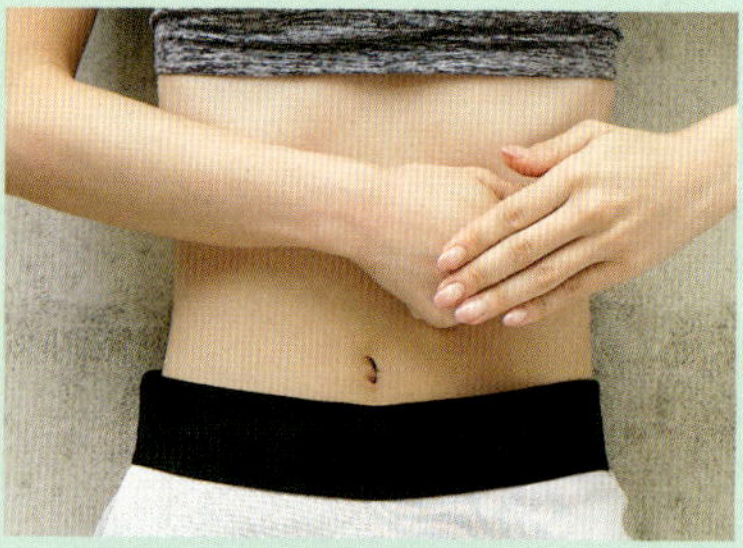

02 腸+乳び槽

腸が汚いと太りやすいというのは本当の話。腸内環境をよくするために、排便は特に重要です。外からつかめる臓器ですので、しっかりもみほぐして排泄を促しましょう。乳び槽はおへその上あたりにあり、全身のリンパ液の流れに大きく影響します。部位別のほぐしに入る前に、あらかじめ活性化させておきましょう。

1週間ローテーション4大ポイント

Weekly Program:
30days +
部位別に攻める！

デイリープログラムに対し、部位別は1週間単位で進めます。
脂肪の攻めどころと
効果的なポイントに絞ってお伝えしていきます。

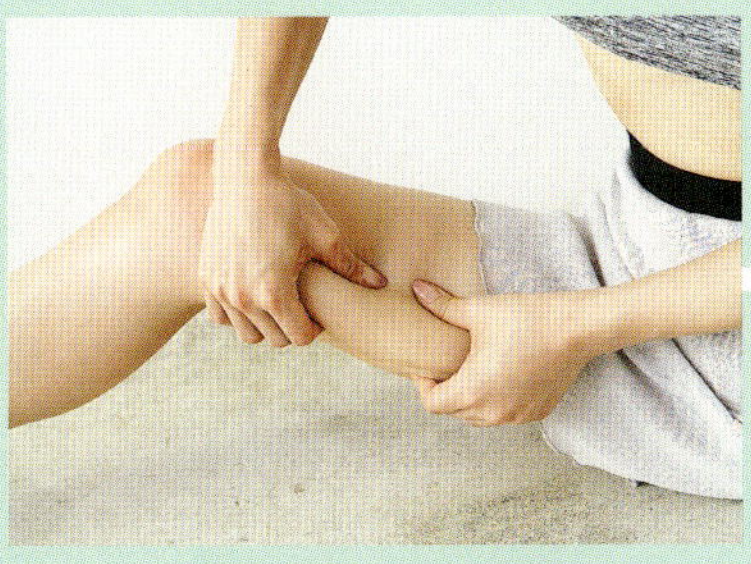

1st week: 太もも+お尻

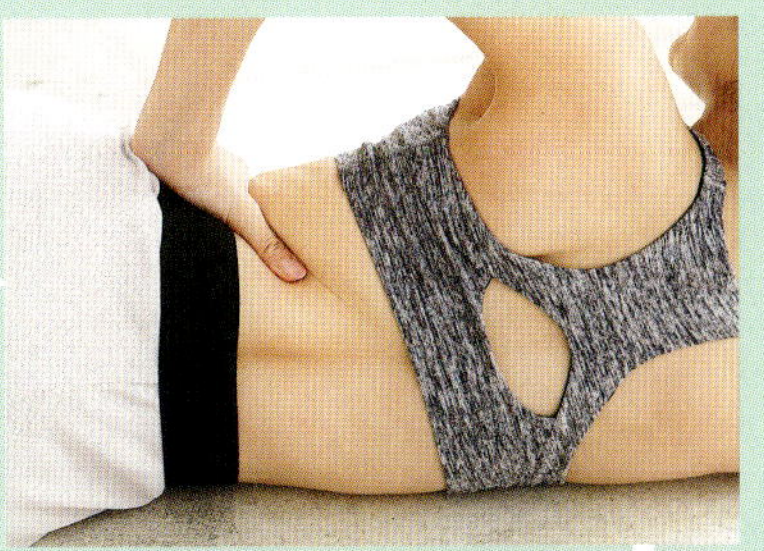

2nd week: 腰+わき腹

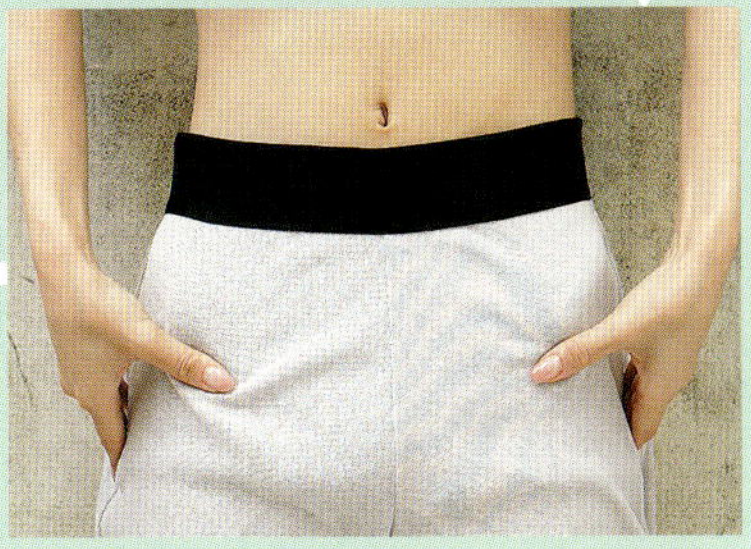

3rd week: 横隔膜+そけい部

4th week: 肩甲骨+腕

本書で紹介した動きの「動画」が観られます

デイリープログラム＋1週間ごと×4つの「脂肪ほぐし」プログラムを動画で用意しました。全体の流れは動画で、ポイントはこの本に掲載されている写真で確認していただくことができ、よりわかりやすいつくりとなっています。

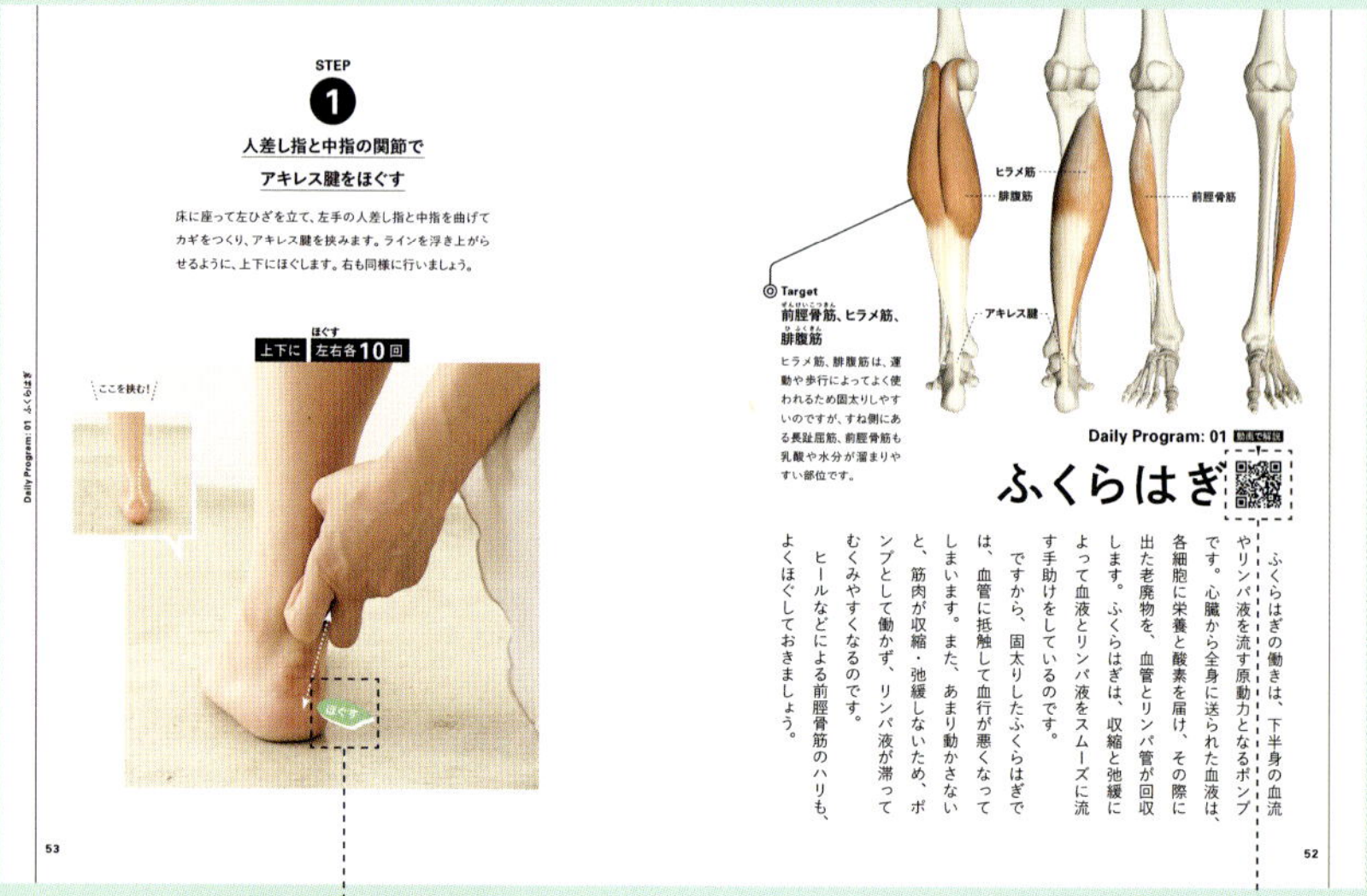

Daily Program: 01 動画で解説

ふくらはぎ

ふくらはぎの働きは、下半身の血流やリンパ液を流す原動力となるポンプです。心臓から全身に送られた血液は、各細胞に栄養と酸素を届け、その際に出た老廃物を、血管とリンパ管が回収します。ふくらはぎは、収縮と弛緩によって血液とリンパ液をスムーズに流す手助けをしているのです。

ですから、固太りしたふくらはぎでは、血管に抵触して血行が悪くなってしまいます。また、あまり動かさないと、筋肉が収縮・弛緩しないため、ポンプとして働かず、リンパ液が滞ってむくみやすくなるのです。

ヒールなどによる前脛骨筋のハリも、よくほぐしておきましょう。

Target

前脛骨筋《ぜんけいこつきん》、ヒラメ筋、腓腹筋《ひふくきん》

ヒラメ筋、腓腹筋は、運動や歩行によってよく使われるため固太りしやすいのですが、すね側にある長趾屈筋、前脛骨筋も乳酸や水分が溜まりやすい部位です。

52

STEP 1

人差し指と中指の関節でアキレス腱をほぐす

床に座って左ひざを立て、左手の人差し指と中指を曲げてカギをつくり、アキレス腱を挟みます。ラインを浮き上がらせるように、上下にほぐします。右も同様に行いましょう。

53

手技の強さと目的

ギューッと強い力でつかんで離す。1〜2秒、血流やリンパ液の流れを止めて勢いをつける目的で行う。

親指の腹やこぶしなどを使って、グリグリ押す。痛気持ちいいくらいの強さで行う。怪我をしている箇所は避けること。

主に親指を使って、皮膚が凹むくらいの圧を加えながら、一方方向に動かす。血流やリンパ液の流れを促す。

手全体で包む、あるいは四指をそろえて撫でるイメージで。浅いリンパを流したり、皮膚表面の温度を上げる目的。

各部位のトップページにあるQRコードをスマートフォンやタブレットのアプリで読み込み、表示されたURLにアクセスすると、千波さんによる「脂肪ほぐし」のレッスンを受けることができます。

「伝説の脂肪ほぐし」Q&A

Q 本当に細くなっているのか、不安になります

A BEFOREとAFTERの写真を撮りましょう

同じ服装、同じ角度、同じ時間帯など条件をそろえて、ビフォー&アフターの写真を撮ってみましょう。写真を比べると成果が目に見えてわかるので、モチベーションアップにもつながります。太ももであれば、外側の張り出している部分や、内側のたるみ具合など、見比べてみてください。後ろ姿は撮ってもらえる人がいたら協力してもらいましょう。

Q 青あざができるくらい強くほぐしたほうがいいですか？

A その必要はありません

あざができるほど強く行う必要もありませんが、あざができたらやり方が間違っているということもありません。はじめのうちは、セルライトになっていて脂肪が固かったり、筋膜が張っていたりして血流が悪いので、あざができることもあり得ます。痛気持ちいい程度の強さで行ってください。次第にあざができにくくなります。麺棒やカッサプレートなどグッズを使ってもOKです。

Q 1日のうち、どの時間帯で行うのがおすすめですか？

A 身体が温まっているときのほうが効果は出やすいです

時間帯はいつでもいいのですが、1日のリセットという意味で、夜寝る前をおすすめしています。ただ、ライフスタイルによって、やりやすい時間帯は違うと思いますので、やらないよりはやれる時間にやっていただいたほうがいいですね。また、お風呂のあとなど、身体が温まっているときがおすすめ。冷えた身体だと柔軟性もないため、脂肪や筋肉が固いままだからです。

Q ほぐすだけで、運動をしなくてもヤセられますか？

A 筋トレを組み合わせればより効果的です

脂肪をくだくようにほぐすことで、血流がよくなったり、リンパ液の流れがよくなったりしてヤセやすい体質にはなりますが、脂肪が減ったり、移動したりするわけではありません。ただヤセるだけでなくよりメリハリのあるボディラインにしたいのであれば部分的に筋トレを取り入れたり、体重を落としたければ有酸素運動をしたりして、「脂肪ほぐし」と併用すると効果的です。

「脂肪ほぐし」のマストアイテム

オイル&クリームのメリット&デメリット

「脂肪ほぐし」を行うときは、ある程度の強さで押したりさすったりするので、**皮膚を傷めないように、クリームやオイルを使うこと**をおすすめします。滑りがよくなるだけでなく、保湿効果も期待できます。

基本的には使用感の好みでいいのですが、それぞれメリット、デメリットもあるので、選び方の基準をご紹介します。

まず、**オイルのメリットは保湿力が高く、精油成分が肌に浸透しやすい**ことです。デメリットは万が一洋服についてしまったときに染みができやすいこと、タオルで拭きとっても臭いがついてしまうことでしょうか。

一方、**クリームのメリットはべたつき感がないこと。**洋服などに染みる心配もありません。デメリットは、あえていうなら、オイルよりはさらりとしているので、滑りにくく感じるかもしれません。

Chinami's Recommended Item

あなたに合ったオイル&クリームの選び方

マッサージは朝or夜？

朝 → サラサラorしっとり？ → しっとり／サラサラ

夜 → 筋肉質orむくみやすい？ → 筋肉質／むくみやすい

しっとり

皮下組織のセルライトの脂肪代謝を促し、ハリ、ツヤ、うるおいを与えます。

BODY OH！200g 12,960円（税込）／リズム TEL 0120-364-367

サラサラ

脂肪に直接働きかける和漢植物由来成分を配合。脂肪をほぐし、むくみ解消にも◎。

PINCHER body cream 150ml 3,980円（税込）／Twenty Company TEL 03-5426-0156

「アディポ-3オイル」の働きにより、今ある脂肪はもちろん、これからできる脂肪の増殖・肥大化もブロック。また、ダイエットや加齢による肌たるみにも対応。

フィトメール モルフォ デザイナー 150ml 11,664円（税込）／アブコ TEL 0120-063-151

筋肉質

高濃度の酸素が脂肪に行き届いて脂肪の分解をサポート。また、乳酸を分解するのでコリやハリの軽減にもつながります。

O2クラフトオイル 30ml 3,600円（税込）100ml 8,200円（税込）／ ZIG TEL 03-5302-2605

むくみやすい

今ある脂肪と、未来の脂肪の両方にアプローチするピンクペッパーを配合。セルライトやむくみ解消に。

ロルロゼ ブリリアント ボディオイル 100ml 5,400円（税込）／メルヴィータジャポン TEL 03-5210-5723

肌への浸透性が高いのにべたつかない、使い勝手のいいテクスチャー。全身のリンパの流れ、老廃物の排泄を促す。

ハーバルオイル 150ml 8,640円（税込）／ポール・シェリー TEL 03-5484-3481

さぁ、今日からいよいよスタートです。
でも、自分の脚を見て、
「太いな」とか「醜いな」と思ってしまったときは、
どうか自己否定せず、
「これを超えたら細くなる！　今は通過点！」
と心のなかで唱えてください。
逃げなければ、どんどんよくなるだけ！
これだけは、間違いありません。

30days

ポンプを動かし、排出を促す

Daily Program:

第2の心臓といわれるふくらはぎ、リンパ管を束ねる乳び槽、そして排泄に重要な役割を果たす腸。部位別にくだきほぐす前に、この3つをしっかりと動かしておきましょう。めぐりやすい、ヤセやすい状態に準備をする、毎日やっていただきたいメニューです。

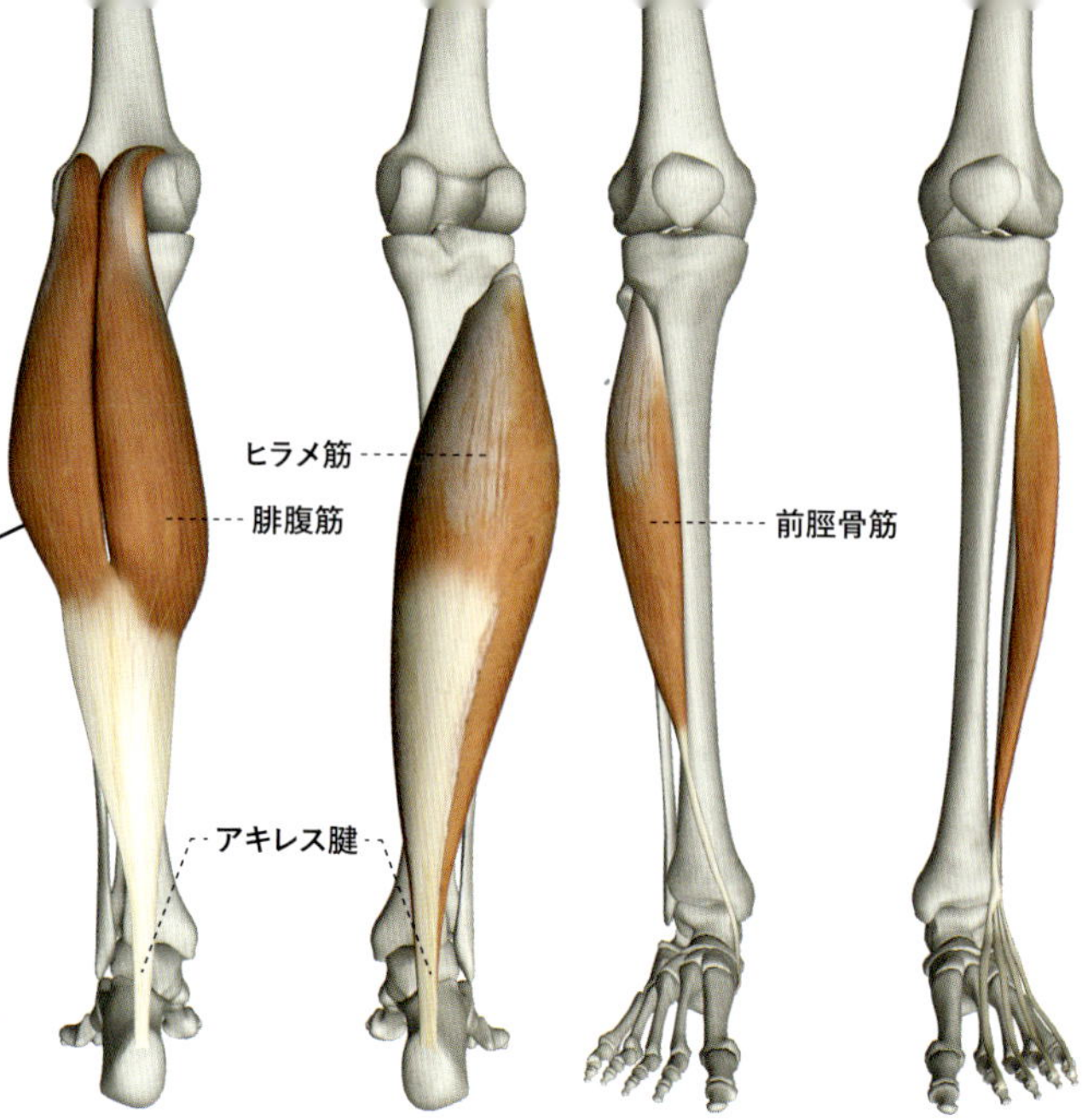

Target

前脛骨筋《ぜんけいこつきん》、ヒラメ筋、腓腹筋《ひふくきん》

ヒラメ筋、腓腹筋は、運動や歩行によってよく使われるため固太りしやすいのですが、すね側にある長趾屈筋、前脛骨筋も乳酸や水分が溜まりやすい部位です。

Daily Program: 01 動画で解説

ふくらはぎ

ふくらはぎの働きは、下半身の血流やリンパ液を流す原動力となるポンプです。心臓から全身に送られた血液は、各細胞に栄養と酸素を届け、その際に出た老廃物を、血管とリンパ管が回収します。ふくらはぎは、収縮と弛緩によって血液とリンパ液をスムーズに流す手助けをしているのです。

ですから、固太りしたふくらはぎでは、血管に抵触して血行が悪くなってしまいます。また、あまり動かさないと、筋肉が収縮・弛緩しないため、ポンプとして働かず、リンパ液が滞ってむくみやすくなるのです。

ヒールなどによる前脛骨筋のハリも、よくほぐしておきましょう。

STEP

1

人差し指と中指の関節で アキレス腱をほぐす

床に座って左ひざを立て、左手の人差し指と中指を曲げてカギをつくり、アキレス腱を挟みます。ラインを浮き上がらせるように、上下にほぐします。右も同様に行いましょう。

上下に ほぐす 左右各10回

STEP

2

内くるぶしからひざ下まで親指で圧迫してから押し流す

床に座って右ひざを立て、左親指を内くるぶしに当てます。すねの骨の内側にある腓腹筋（P.52参照）に沿って、内くるぶしからひざまで、指の腹で圧迫した後、同じ部分を、指を骨と筋肉の間に食い込ませるようにして、押し流します。

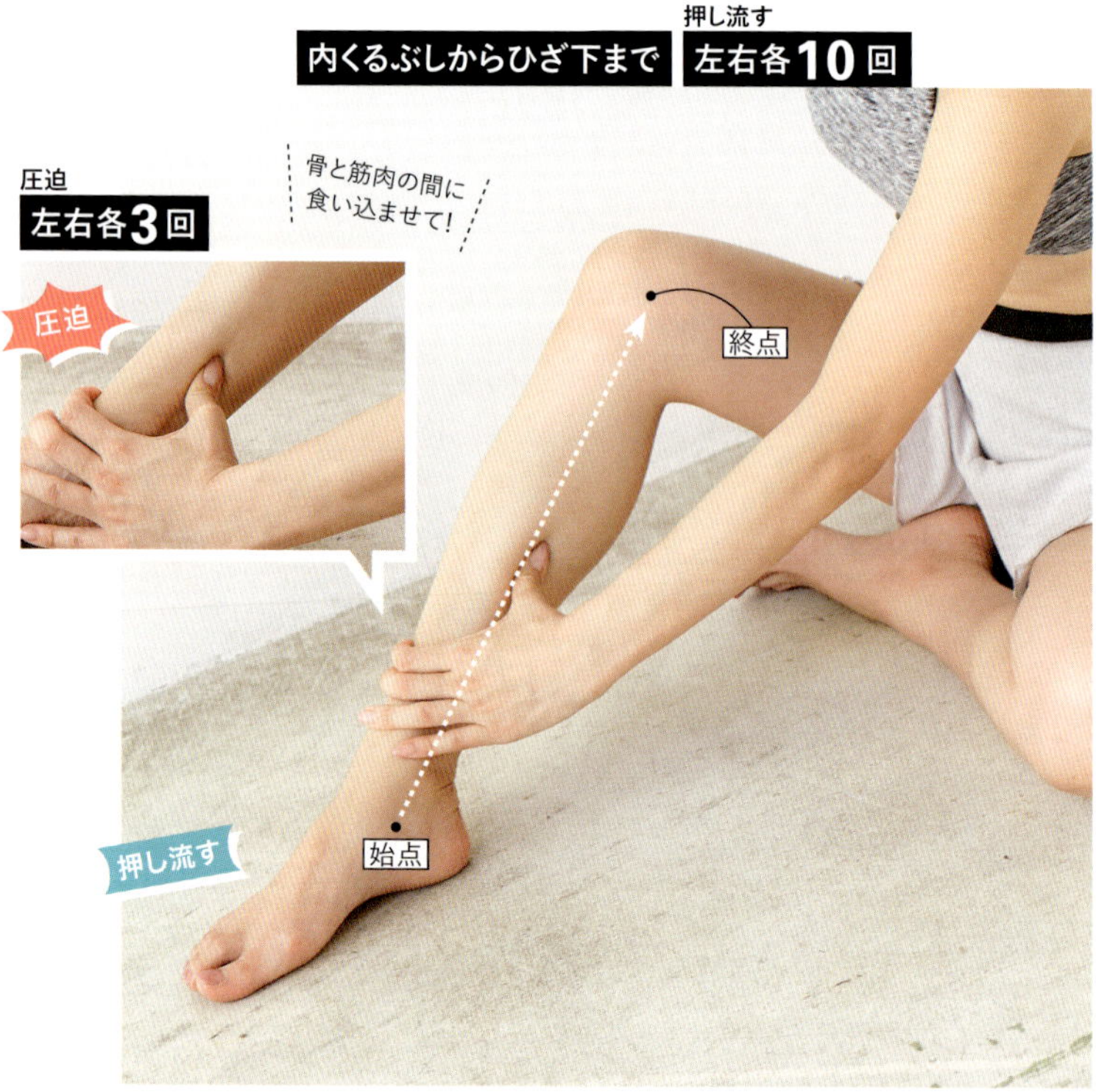

STEP

3

外くるぶしからひざ下まで親指で押し流す

床に座って右ひざを立て、ふくらはぎを両手で包み込むようにもち、両手の親指をすねの外側、前脛骨筋（P.52参照）に強く当ててひざに向かって押し流します。ハリが出やすく、筋肉が盛り上がって太く見える部分なので、入念に。

押し流す

外くるぶしからひざ下まで　左右各10回

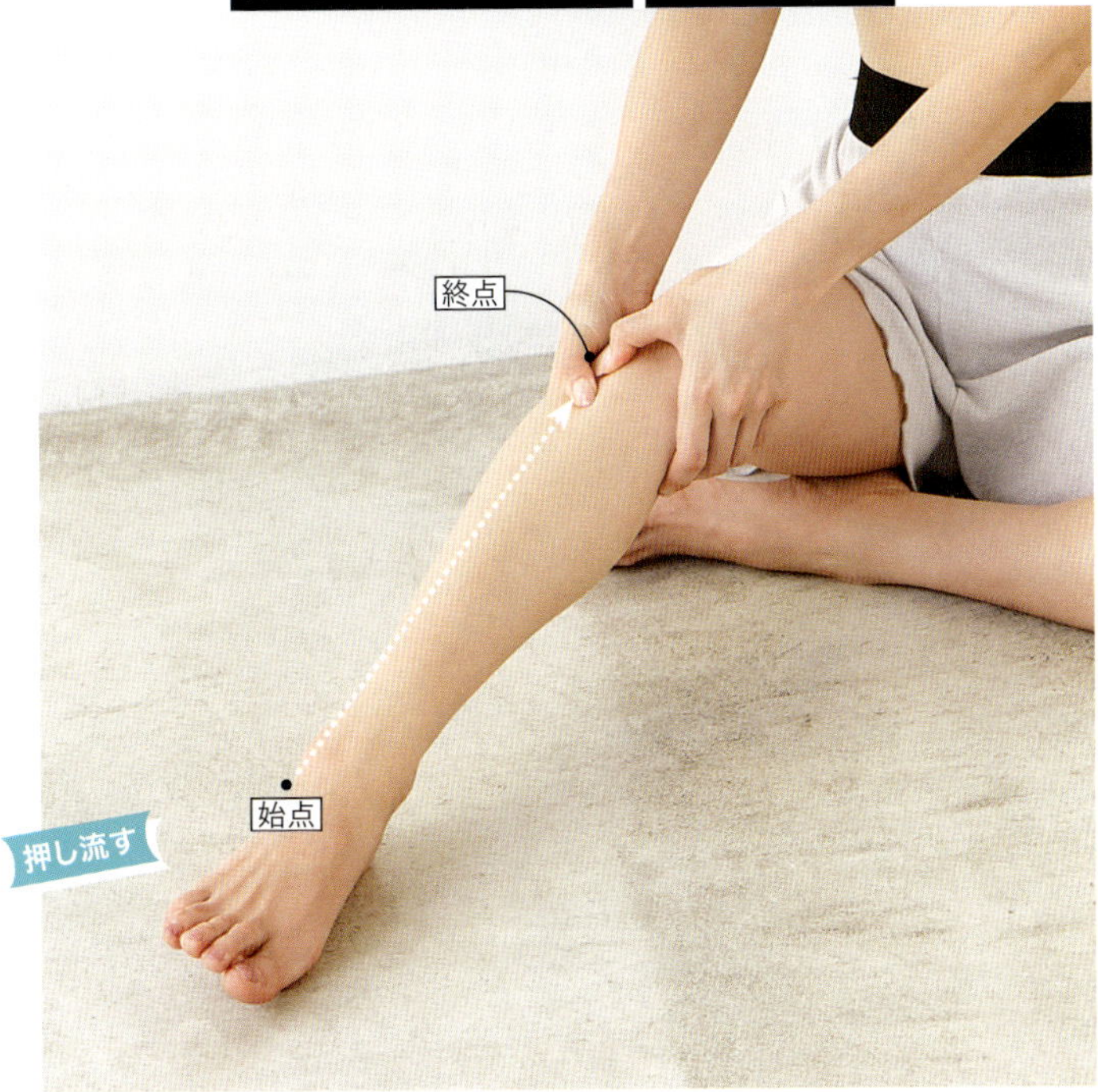

STEP

4

外くるぶしからひざ裏まで ヒラメ筋に沿って押し流す

右脚を曲げ、右の外くるぶしに右手の親指を当てます。骨と筋肉の間に食い込ませるようにして、ヒラメ筋と腓腹筋(ともにP.52参照)をほぐしながら、ひざ裏近くの脛骨のキワまで押し流します。

押し流す

外くるぶしからひざ裏まで　左右各10回

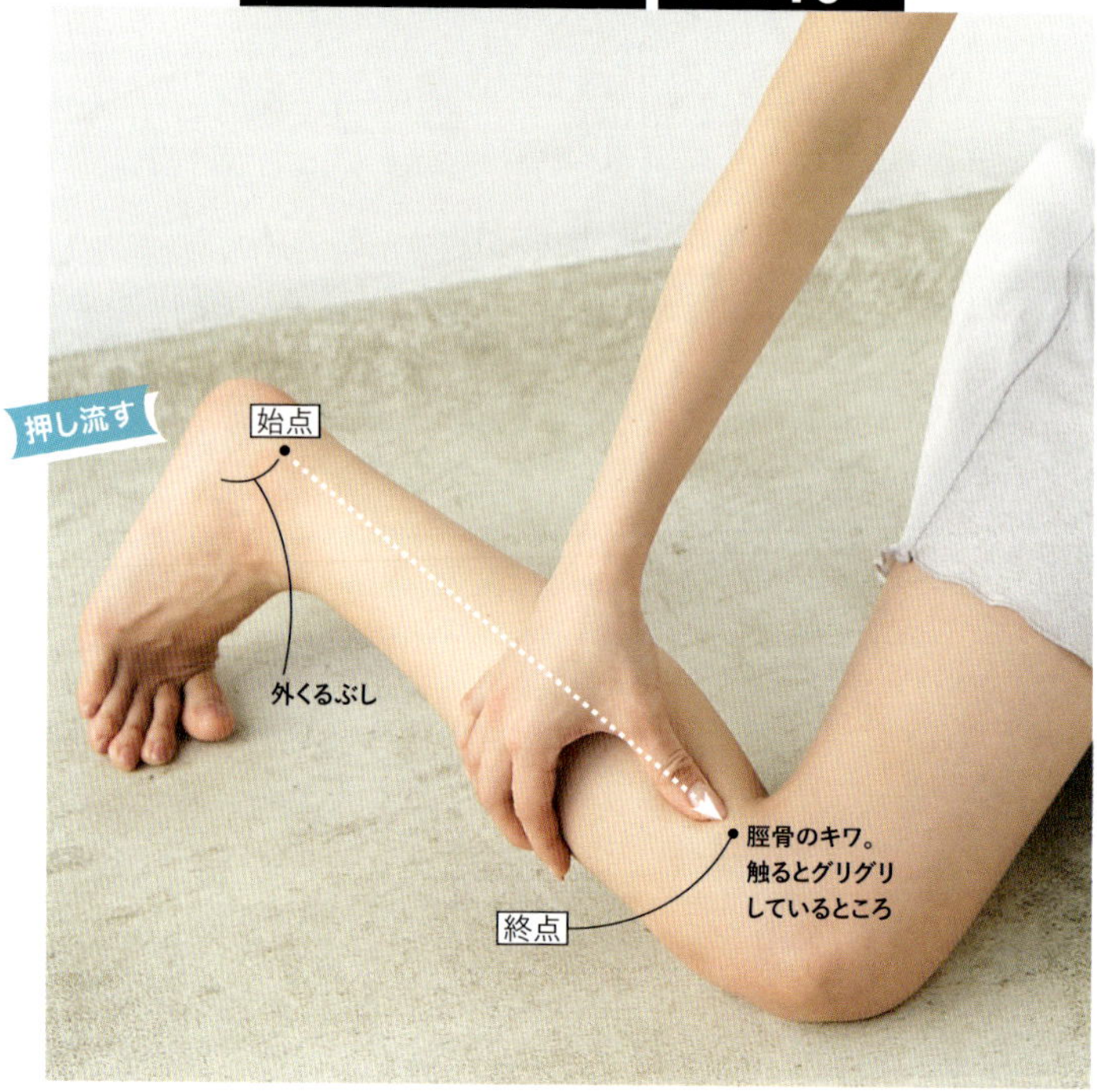

STEP

5

アキレス腱からひざ裏まで こぶしでほぐす

右ひざを床につき、ふくらはぎを上に向けます。こぶしの関節を使ってアキレス腱からひざ裏までほぐしましょう。長時間歩くと疲れやすい腓腹筋とヒラメ筋がターゲット。血流が悪くて冷たくなりやすい部位です。

アキレス腱からひざ裏まで ほぐす **左右各10回**

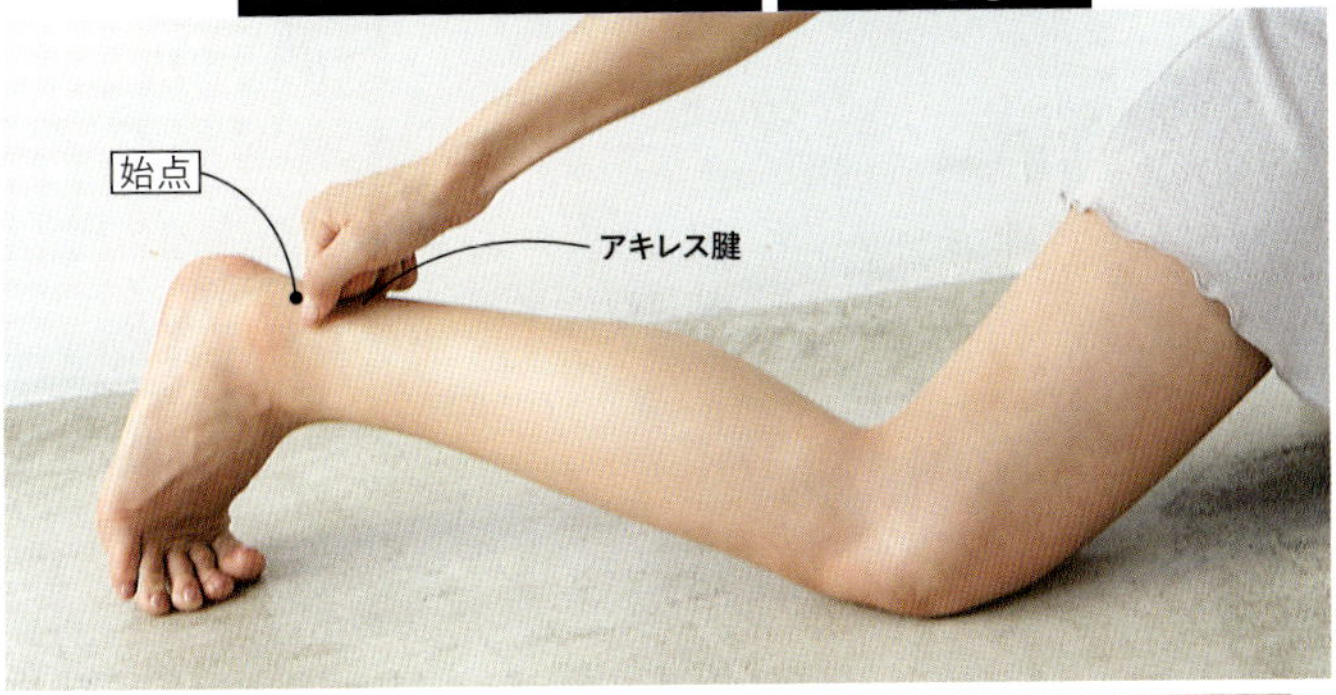

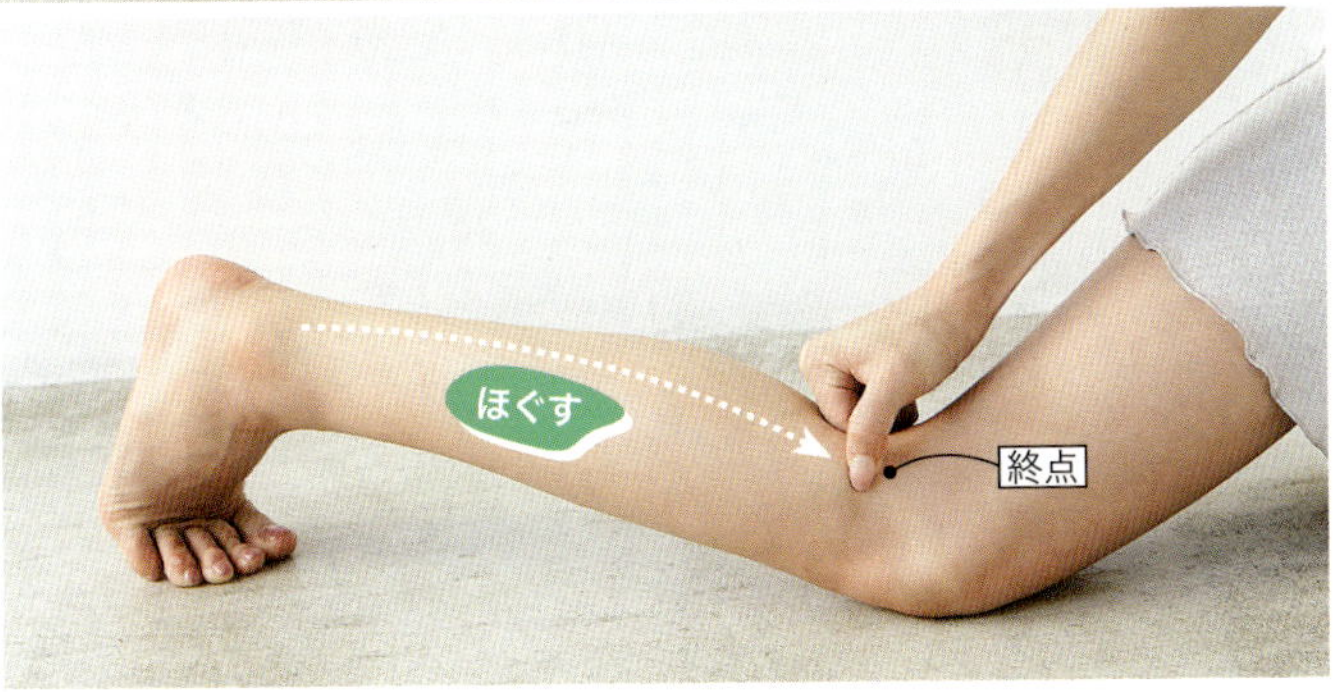

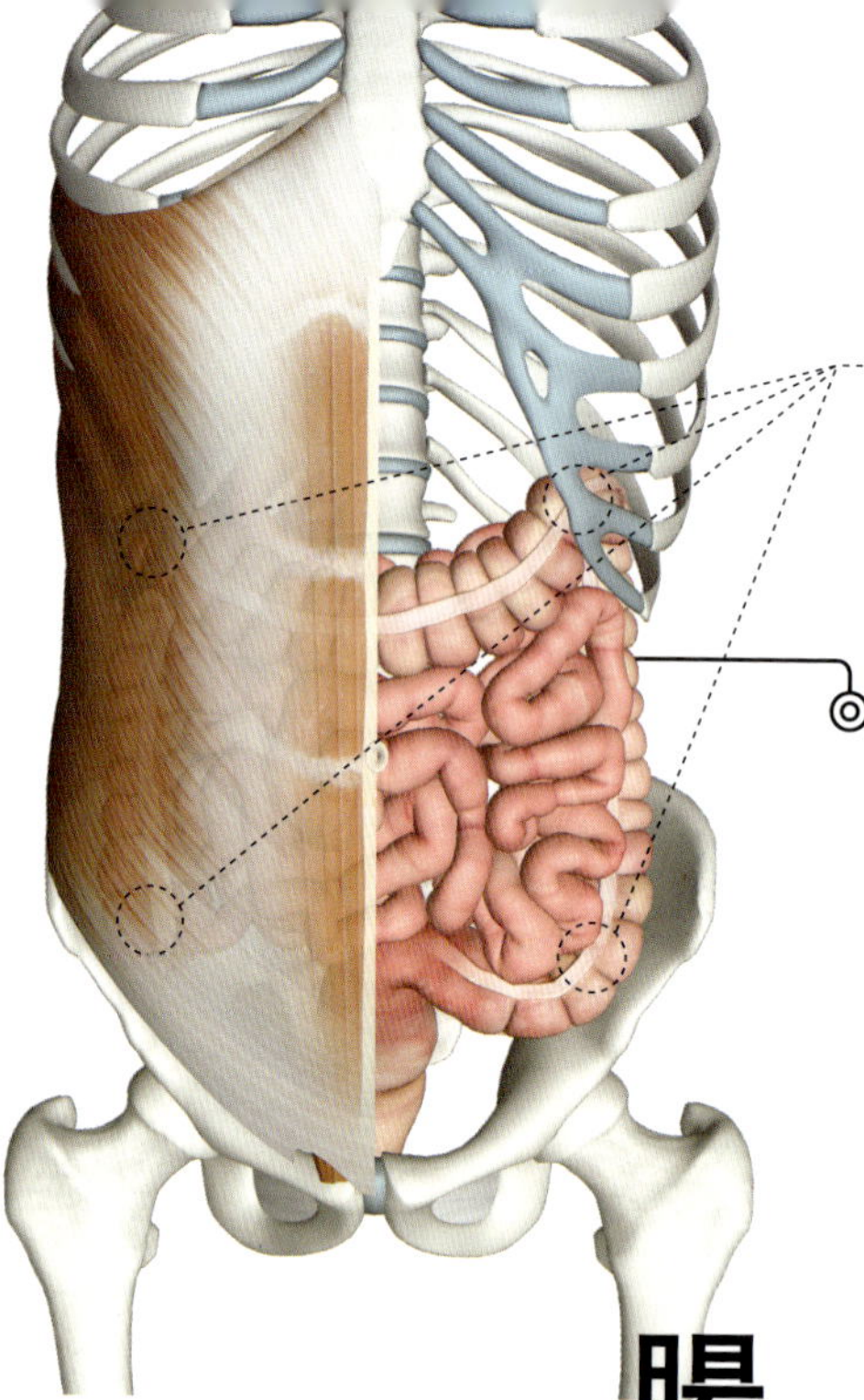

大腸の曲がり角。
全部で4つある。

◎ Target
腸、乳び槽

腸の4つの曲がり角には便が溜まりやすくなっています。乳び槽とともに、しっかりと圧を加えて大丈夫です。悪いものは出せる身体にしておきましょう。

Daily Program: 02 動画で解説

腸、乳び槽

ヤセ体質をつくるのに欠かせないのが腸と乳び槽への刺激です。

腸の働きが悪くなると、便秘になると、毒素やガスが発生して蠕動《ぜんどう》運動が鈍くなり、血流が低下します。すると脂肪が燃焼しづらくなり、不要な脂肪を蓄積しやすくなってしまいます。そうならないために、腸に刺激を与えることで便秘を解消しましょう。

一方、乳び槽（P33参照）は、下半身ヤセの要です。ここに左右の下半身と左の上半身のリンパが集められるのでうまく機能していないと下半身太りの原因になるからです。腸と乳び槽は位置が近いので、あわせてケアをしましょう。内臓が近いので、気持ち悪くならない程度に加減して。

STEP

1

腸の四隅を
指の腹で刺激する

仰向けになり、両手の親指以外の指先で腸の四隅を刺激します。便が溜まりやすい場所なので、指でぐりぐりと押さえるようにして刺激しましょう。

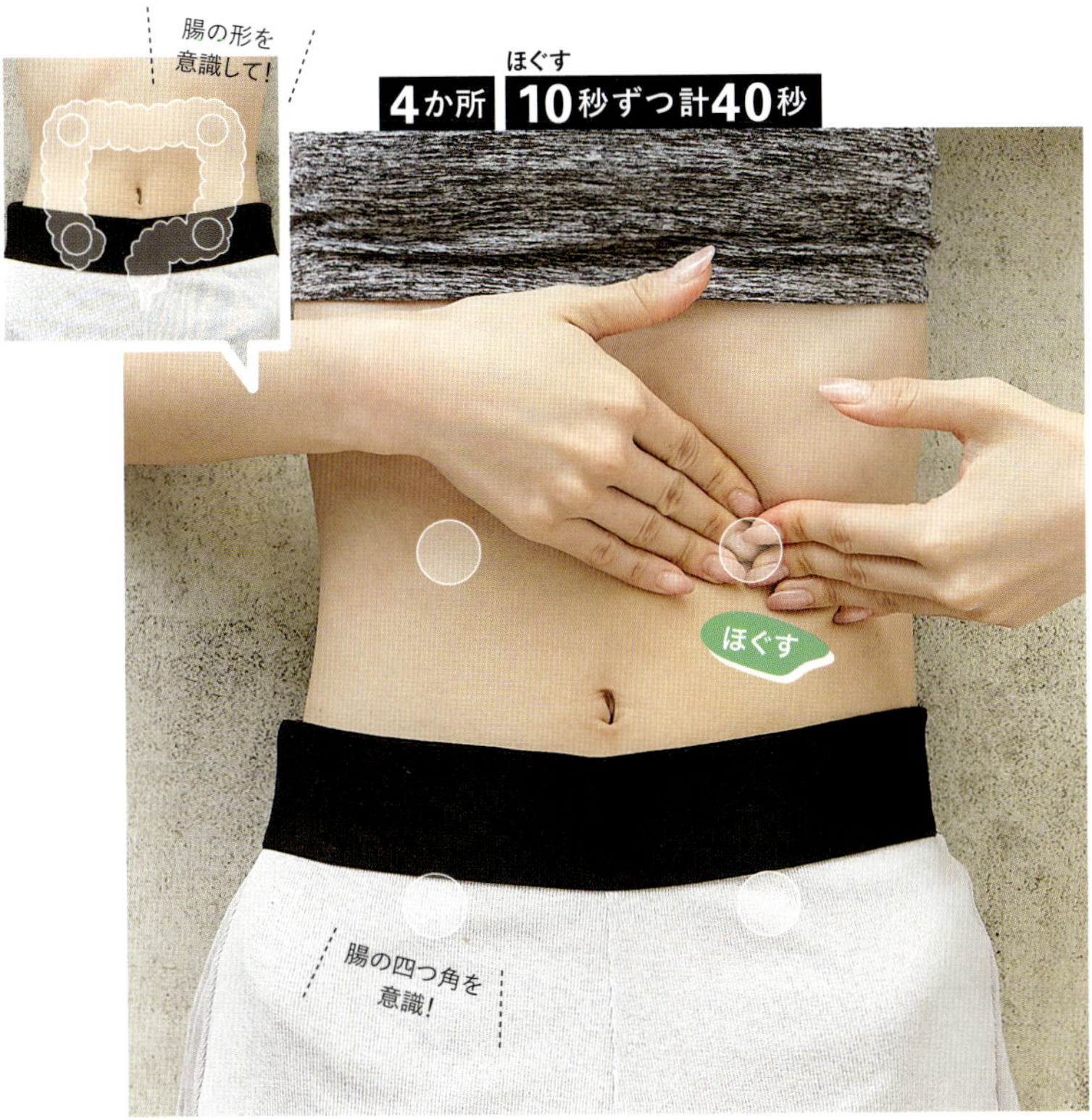

STEP

2

こぶしで
腸を刺激する

仰向けになり、こぶしでへそを中心に、時計回りに円を描きます。こぶしを逆の手で上から押さえて、しっかり圧がかかるようにして行いましょう。ゴロゴロお腹が鳴るのは腸が動き出した証拠です。

ほぐす

10周

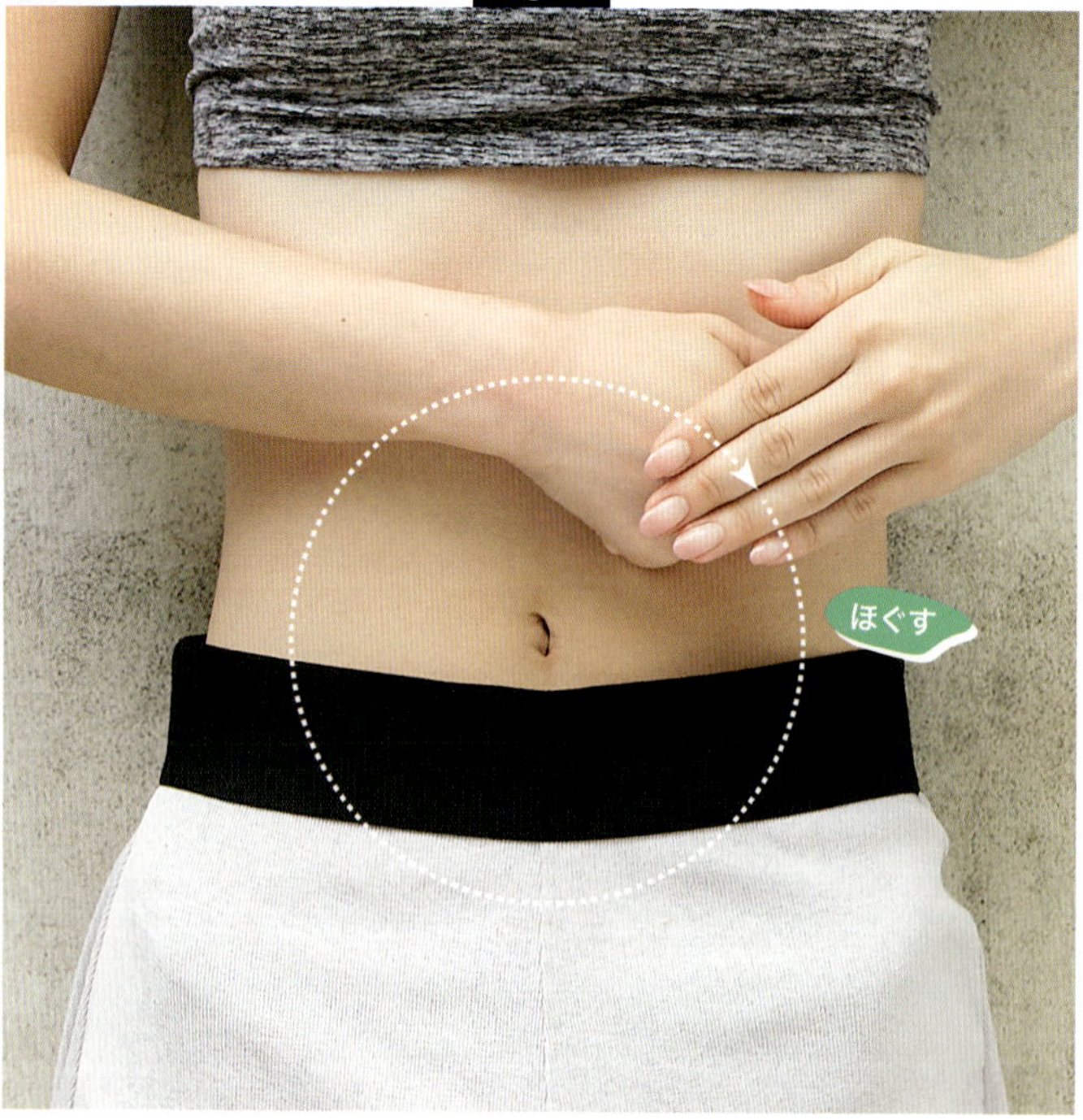

STEP

3

恥骨からへそ下まで指の腹で押し流す

仰向けになり、恥骨あたりに親指以外の指を置きます。おへその下に向かって指の腹を使って下から上へとかき上げるように強く押し流します。刺激するとお腹がゴロゴロ鳴ることもありますが気にせず続けましょう。

恥骨からおへそ下まで 押し流す **10回**

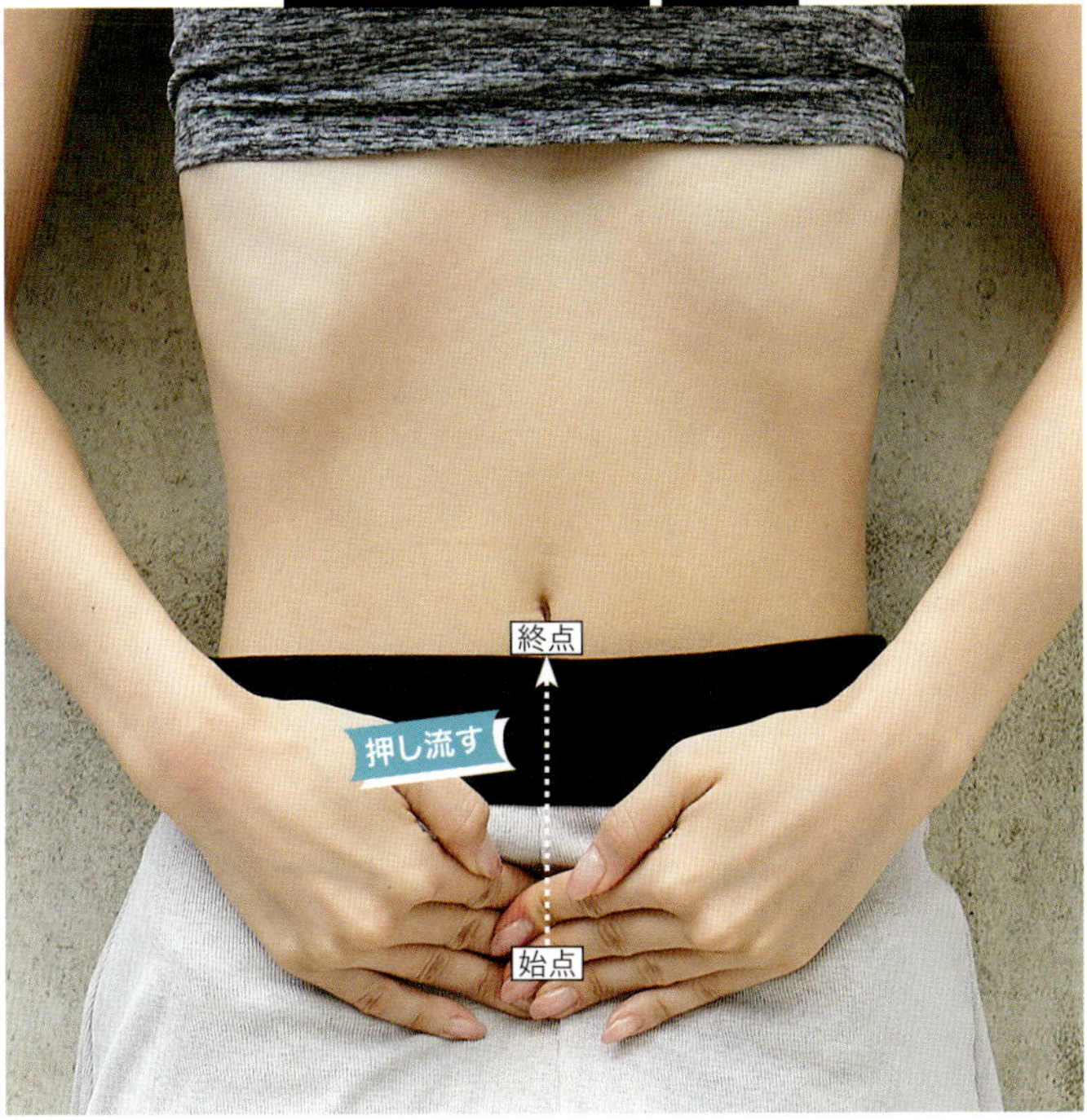

Plus one Column

お風呂に入ったついでに「5つのリンパ節」を開放しよう

老廃物や余分な水分は、筋肉の収縮と弛緩によるポンプ作用によって全身をめぐったあと、最終的に尿や汗として排出されます。ところが同じ姿勢を長時間続けていて、筋肉を動かさなかったり、リンパ管が集まるリンパ節が詰まっていたりすると、老廃物や水分が停滞してしまい、むくみが生じます。

リンパ節は、老廃物をろ過するフィルターのような役割をしています。米粒大〜大豆大程度の大きさで、私たちの身体中に800以上もあるといわれています。そのなかで**特に大きなリンパ節は5つ。**ここを開放することで、リンパ液の流れは各段によくなります。ホースがどこか詰まっていると流れは悪くなりますよね？　そんなイメージです。

老廃物をろ過するリンパ節は、老廃物が詰まっていると、まるで高速道路の料金所のように渋滞し、リンパ液の流れが悪くなります。しかし、料金所を開放すれば車の流れは改善されますよね。それと同じように、リンパ節を開放して、リンパ液の流れをよくすることが大切なのです。

リンパ節の開放の仕方は、指の腹で圧をかけて手を離すだけ。**心臓に近い部分から順に**行います。場所は**鎖骨あたりの静脈角、わきの下の腋窩《えきか》リンパ節、腸リンパ節、脚のつけ根のそけいリンパ節、ひざ裏の膝窩《しっか》リンパ節**の5か所。お風呂で裸になったついでに深層のリンパ節を開放しておきましょう。

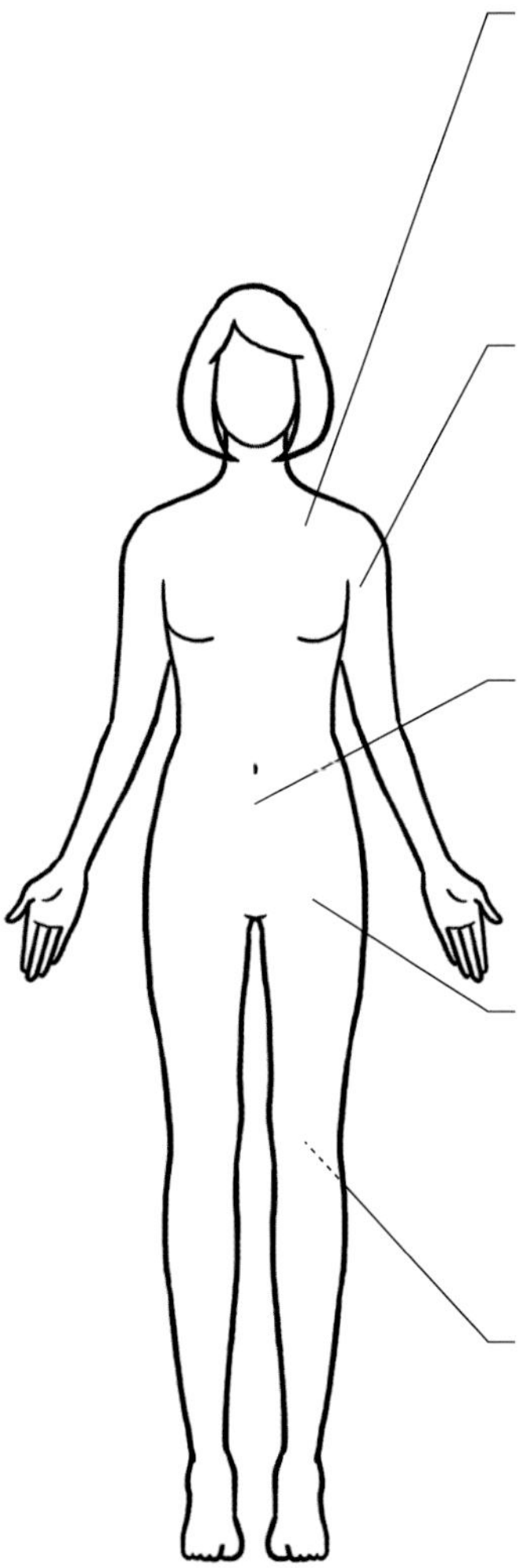

静脈角
鎖骨の下あたりにあります。鎖骨を人差し指と中指で挟んで、肩先に向けてさすります。

腋窩リンパ節
わきの下のリンパ節です。わきの下からブラのラインあたりまでこぶしでさすります。

腸リンパ節
内臓からのリンパ液が集まる場所。こぶしをつくって、時計回りにさすります。

そけいリンパ節
脚のつけ根にあり、下半身のリンパ液が集まるところ。こぶしを使って、圧を加えます。

膝窩リンパ節
ひざ裏のリンパ節でひざ下のリンパ液が集まるところ。ひざ裏に親指以外の指を当てて押します。

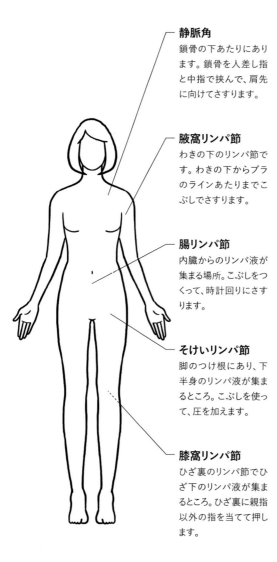

ポカポカ生活はなぜ美容にいい?

私は毎晩欠かさず、寝る前に身体を温めています。あずきを使った温熱式のピロー『あずきのチカラ』(桐灰化学)をレンジで温めて、足首の下、ふくらはぎの下、そけい部・下腹あたり、首の下に置いて、30分くらい布団のなかでボーっとします。じんわり温かくなり、なんとも心地がいいですよ。全身が温まるので、冬場でも薄着で寝られるほど。血行がよくなるので、脂肪を燃やしやすくなるし、ほぐしやすくもなります。

あずきのチカラ 目もと用 780円、首肩用 1,650円、おなか用 1,100円(すべて希望小売価格)/桐灰化学 TEL 0120-081-331

1st week

カチコチ脚と
お尻の脂肪をほぐす

Weekly Program:

1週目は、脂肪がつきやすく落としづらい太ももとお尻を攻めます。セルライトもできやすいので、ほぐしはじめは、少し痛みを伴うかもしれませんが、続けていくうちに柔らかく、温かくなっていきます。

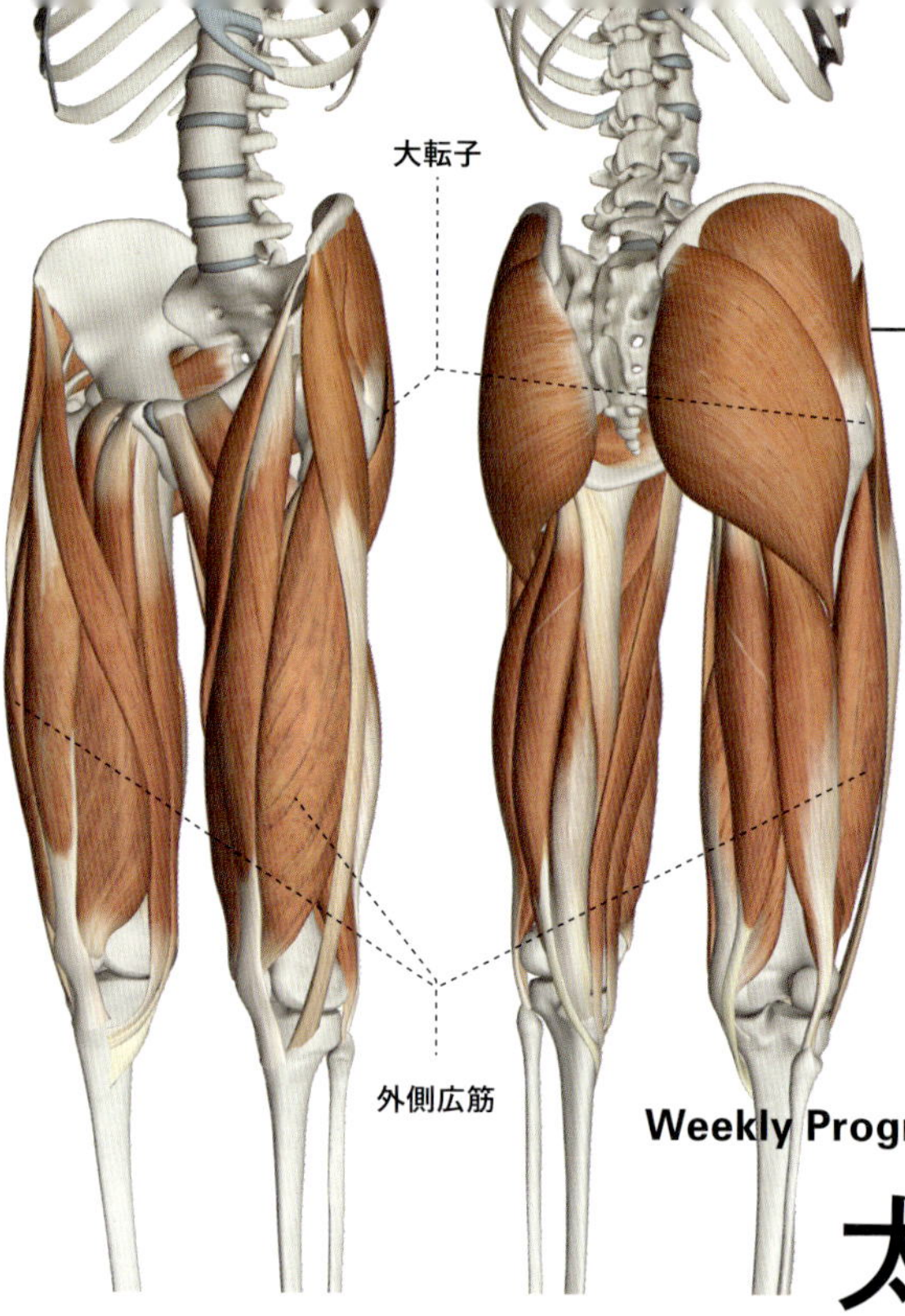

◎ Target

外側広筋《がいそくこうきん》、大転子《だいてんし》

外張り脚の原因である外側広筋、ハムストリングス（裏太もも）、脂肪が乗りやすい大転子など、手のかけがいのある部位です。

Weekly Program: 1st week　動画で解説

太もも

太もも、特に外側は、脂肪がつきやすいうえに、外ハリ脚で悩む女性が多い部位です。また、立ったり座ったり歩いたりする日々の動作のほか、ハイヒールや底の固い靴を履くことでも、疲労を溜めやすい部位なのです。

さらに太ももの外側には、動脈や静脈、リンパ管が少ないため、老廃物を溜め込みがち。冷えやすく、脂肪を燃焼しづらいため、セルライトができやすい部位です。特に入念にほぐしてあげましょう。

また、歩き方や姿勢が悪いと、太ももの前や外側を酷使するため、ハリがちです。しっかりほぐすだけでも脚のラインは変わりますよ。

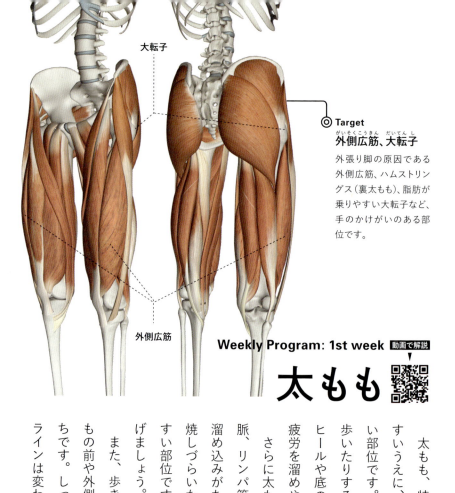

STEP

1

手で太もも全体をつかんで強めにもみほぐす

床に座って脚を開き、両手を使って脂肪と筋肉を骨からはがすイメージで、太ももの内側、前側、外側をギュッとつかんで離します。はじめのうちは固くてつかみづらいこともありますが、徐々にほぐれ、温かくなってきます。

もみほぐす

内側・前側・外側 **左右各10回**

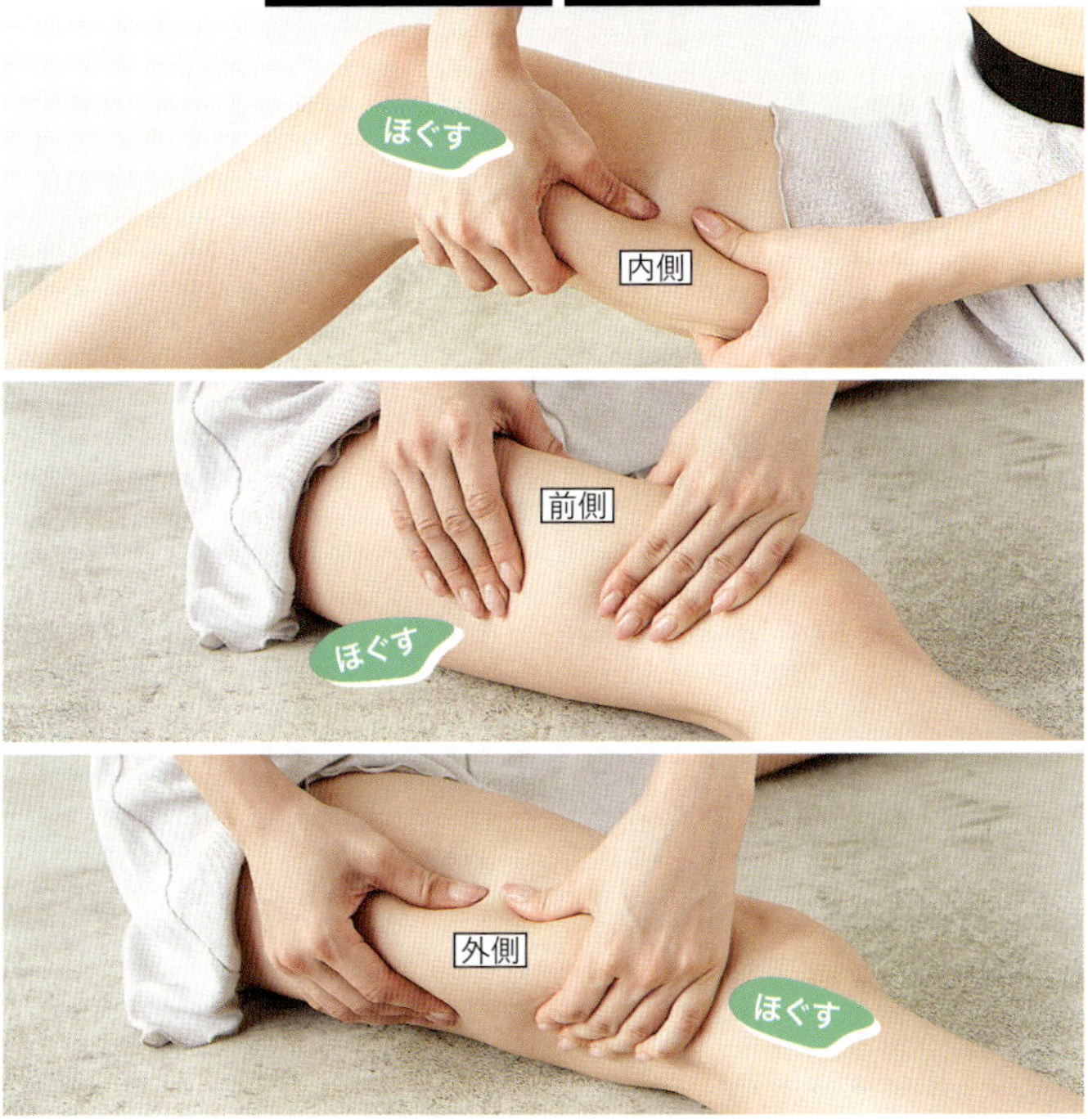

STEP

2

太もも全体を
親指の腹で押し流す

床に座って脚を開き、左ひざの皿の際、やや内側に両手の親指を置いてその他の指はひざ裏に添え、太ももを包みます。前太もも全体を7〜8か所に分けて、ひざ上から太もものつけ根に向かって、親指の腹を使い、強くさすり上げます。

ひざ上から太もものつけ根まで 押し流す 左右各7〜8か所

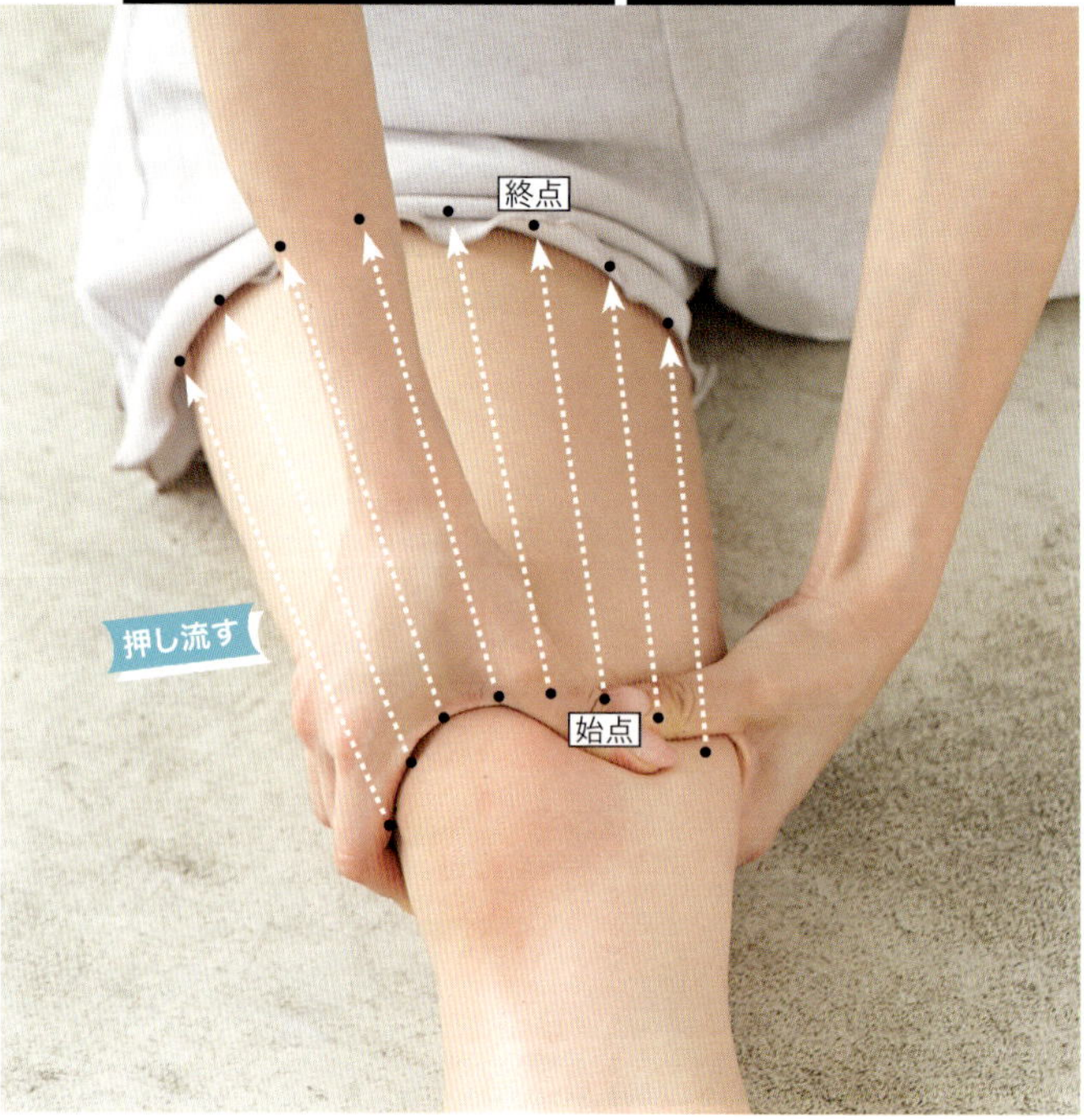

STEP

3

こぶしの関節でもも裏を押し流す

床に座って左ひざは曲げ、右脚は後ろに伸ばします。右手のこぶしの関節で、ひざ裏から脚のつけ根に向けてもも裏を強く押し流します。やりやすければひざ立ちでもOK。

ひざ裏から脚のつけ根まで 押し流す 10回

STEP

4

大転子まわりを
こぶしでほぐす

大転子（P.66参照）まわりを、こぶしの関節を使って全体を上下にほぐします。このあたりは特に血管やリンパ管が少なく、脂肪が溜まりやすい場所なので、しっかりとほぐしましょう。

強めにグリグリ

上下に ほぐす **左右各10回**

STEP

5

太もも全体を両手で包み
軽くさすり上げる

床に座って脚を開き、右ひざの上に両手の親指を置いて四指はひざ裏に添えて両手で太ももを包みます。手指の力はほどよく抜いて、そけいリンパ節にリンパ液を流し込むつもりで、太もも全体を軽くさすり上げます。

ひざ上から脚のつけ根まで　さすり上げる 左右各10回

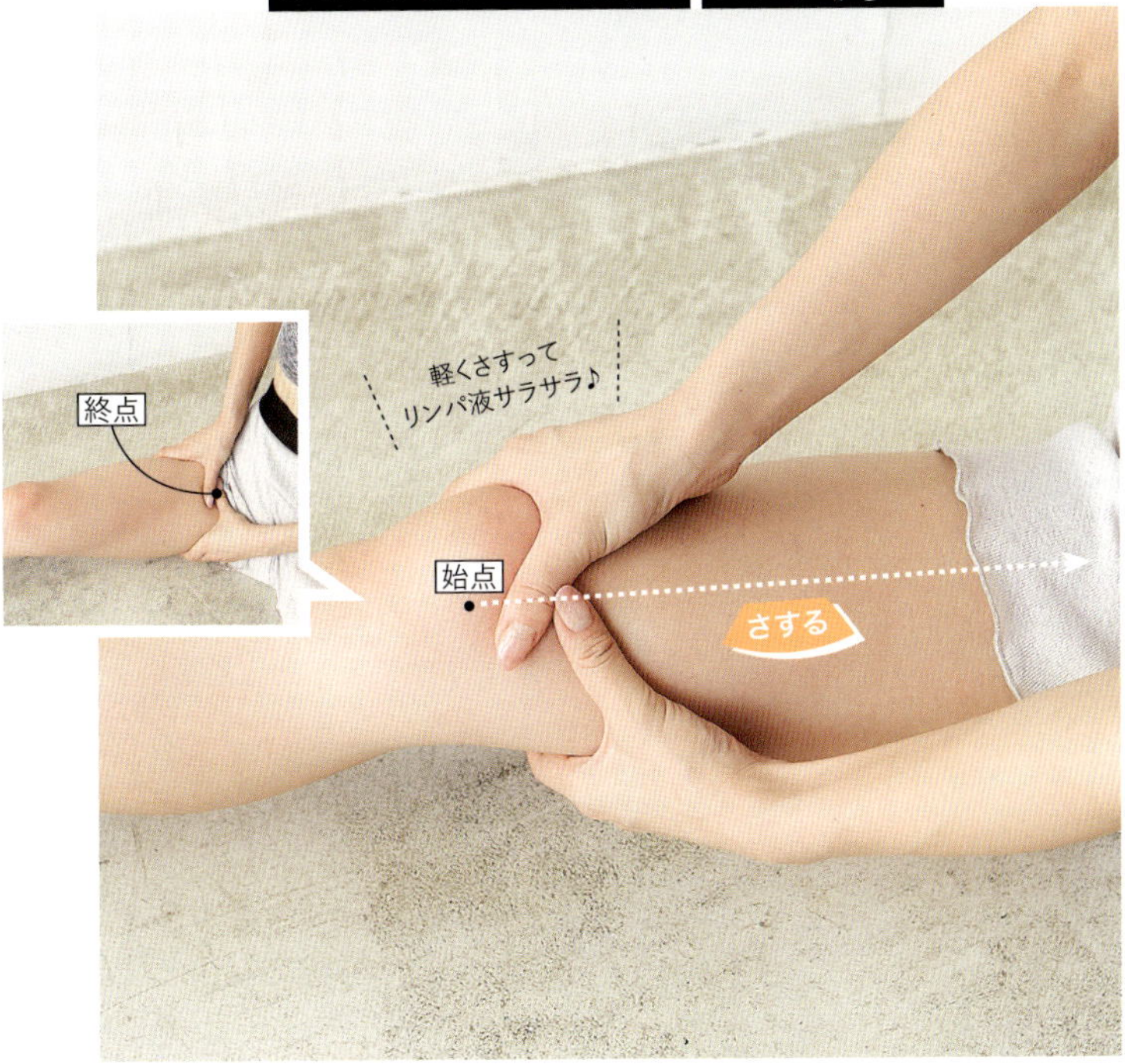

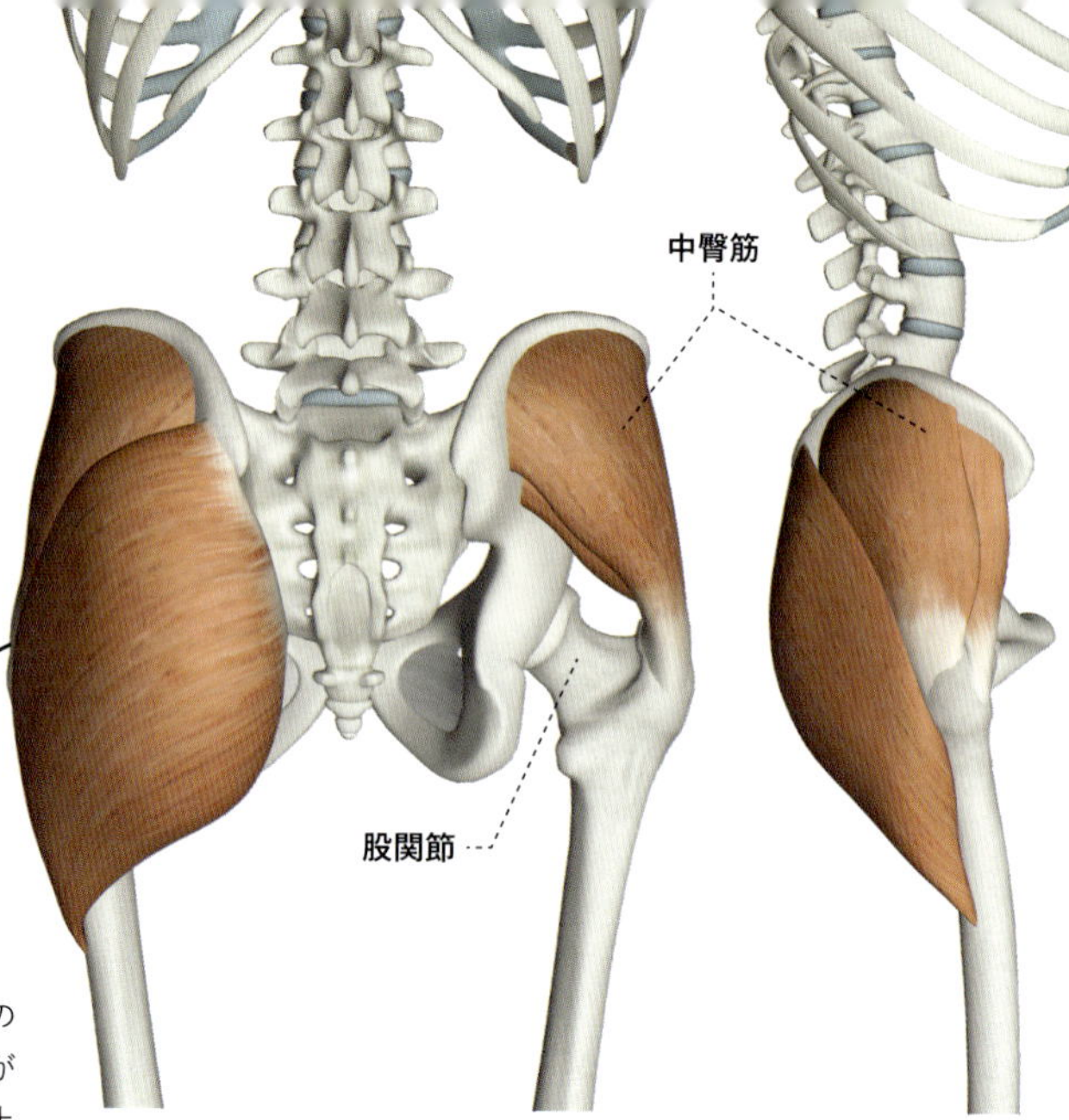

◎ Target

股関節《こかんせつ》、中臀筋《ちゅうでんきん》

臀部とハムストリングスの境がはっきりしているのが理想です。お尻を引き上げる中臀筋が垂れないようにケアしていきましょう。

Weekly Program: 1st week 動画で解説

お尻

キュッと上がったヒップは素敵ですが、脂肪がつきやすい場所でもあります。重力の影響を受けて垂れて下がりやすくもあるので、普段の身体の使い方から気をつけておきましょう。

まずは歩き方。女性に多い小股歩きは、股関節が固くなりがち。ここが固いと可動域が狭くなり、臀部の筋肉がうまく使われず、血流も悪くなってしまいます。

また、長時間座ることが多い生活をしていると、血管やリンパ管は常に圧迫された状態になってしまいます。そのため、血液やリンパ液の流れが悪くなり、脂肪がつきやすく、むくみやすくなってしまうのです。

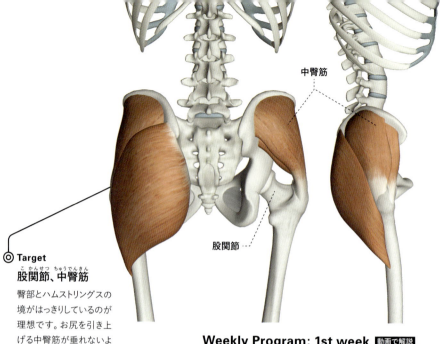

STEP

1

こぶしの関節で
下から上へとほぐす

床に座って左ひざは曲げ、右脚は後ろに伸ばします。右手でこぶしをつくり、お尻を下から上へぎゅっと引き上げます。お尻のいちばん高い部分にある中臀筋は、特に固くなりやすいので、入念に行いましょう。中臀筋は、骨盤の下を手でつかんだとき、親指のあたりにある筋肉です。

ほぐす

左右各20回

Column

腹式呼吸で血流も リンパ液の流れも改善

毎日丁寧に脂肪をほぐしているのに、なかなか結果が出ない――そんなときはぜひ、意識的に腹式呼吸を行ってみてください。方法はいたって簡単です。鼻から息を吸ってできるだけお腹を膨らませます。次に口から息を吐きますが、このとき、お腹がぺったんこになるまで息を吐き切ります。新鮮な酸素を、定期的に大量に取り込むことで、血液の循環がよくなり、リンパ液の流れもよくなります。

2nd week

ほっそり薄い腰になる

Weekly Program:

たくさんの女性が実は悩んで隠している、腰やわき腹。脚や腕のように、日常的に活動量が多い部位ではないので、むくみやすく太りやすい部位でもあります。しっかり伸ばしたりほぐしたりすることで、脂肪のつきづらい、ヤセやすい体質にしていきましょう。

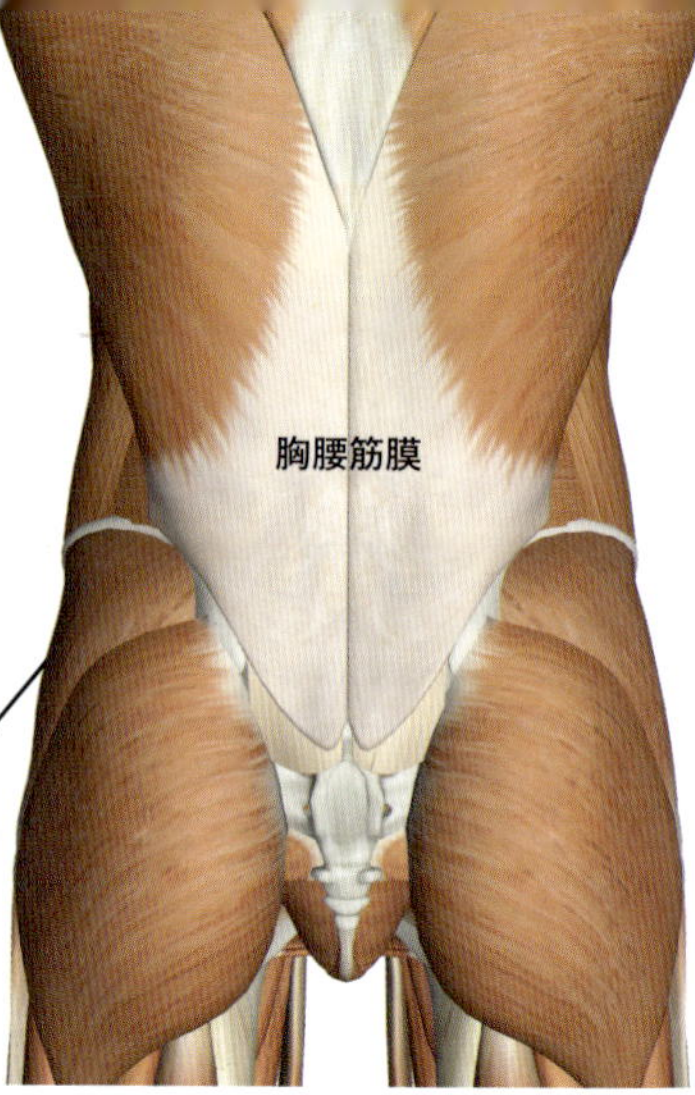

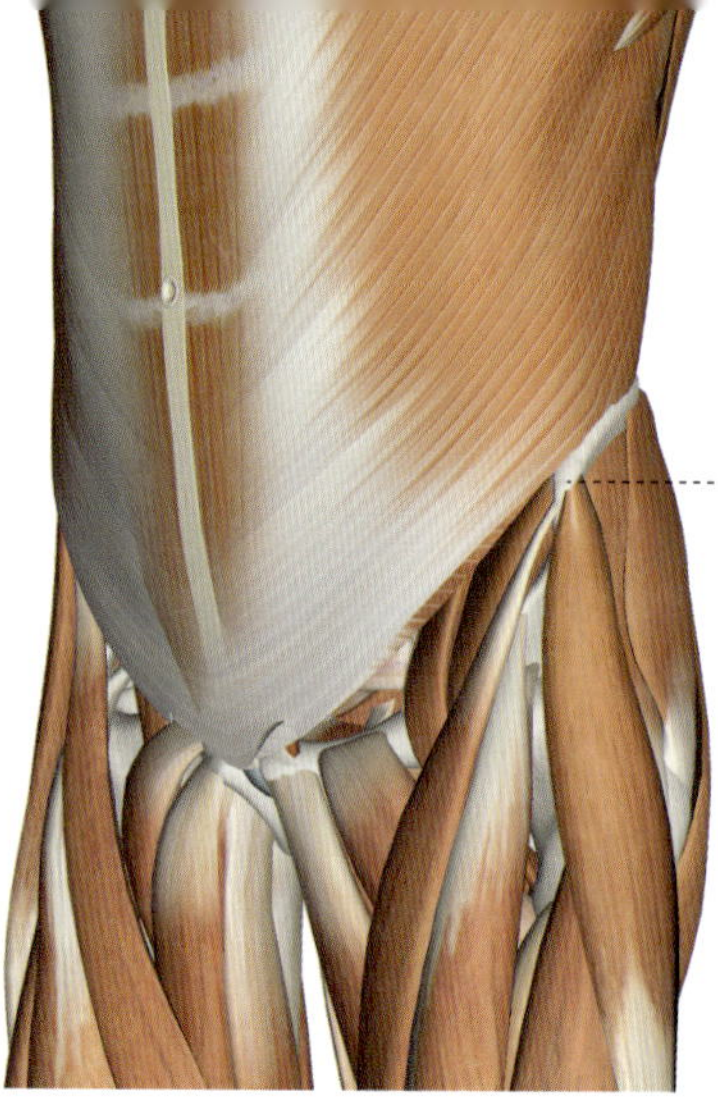

◎ Target

胸腰筋膜《きょうようきんまく》、
上前腸骨棘《じょうぜんちょうこつきょく》のまわりの脂肪、
腰まわり全体

姿勢を保つ胸腰筋膜は、どんな姿勢でも疲れが溜まりやすい場所。また、上前腸骨棘の上は脂肪が乗りやすい箇所です。よくほぐして、流しておきましょう。

Weekly Program: 2nd week 動画で解説

腰

つかんでみたらけっこう脂肪がついていた！　と驚き、ショックを受ける腰まわり。

ウエストは骨がなく、脂肪がつきやすい箇所。また、腹筋とともに体幹の筋肉を支えるコルセットのような役割をしているため、姿勢が悪いと腰痛の原因にもなってしまいます。これが腰の上につく〝浮き輪〟のような脂肪の原因です。さらに血管やリンパ管を圧迫して、むくみを引き起こします。

幾重にも原因が折り重なって脂肪が溜まりやすいやっかいな部位ですが、そのくせ、目が届きづらい部位なので、ケアを怠りがち。脂肪や筋膜をほぐして、柔らかくしておきましょう。

STEP

1

胸腰筋膜全体を ほぐす

あぐらをかいて座り、両手の親指と人差し指で、背骨わきの腰まわりの筋肉をつまむようにして胸腰筋膜（P76参照）全体をほぐします。姿勢を保つための筋肉なので、ハリやコリなどが出やすく、固くなりやすい場所です。

腰全体 ほぐす 10回

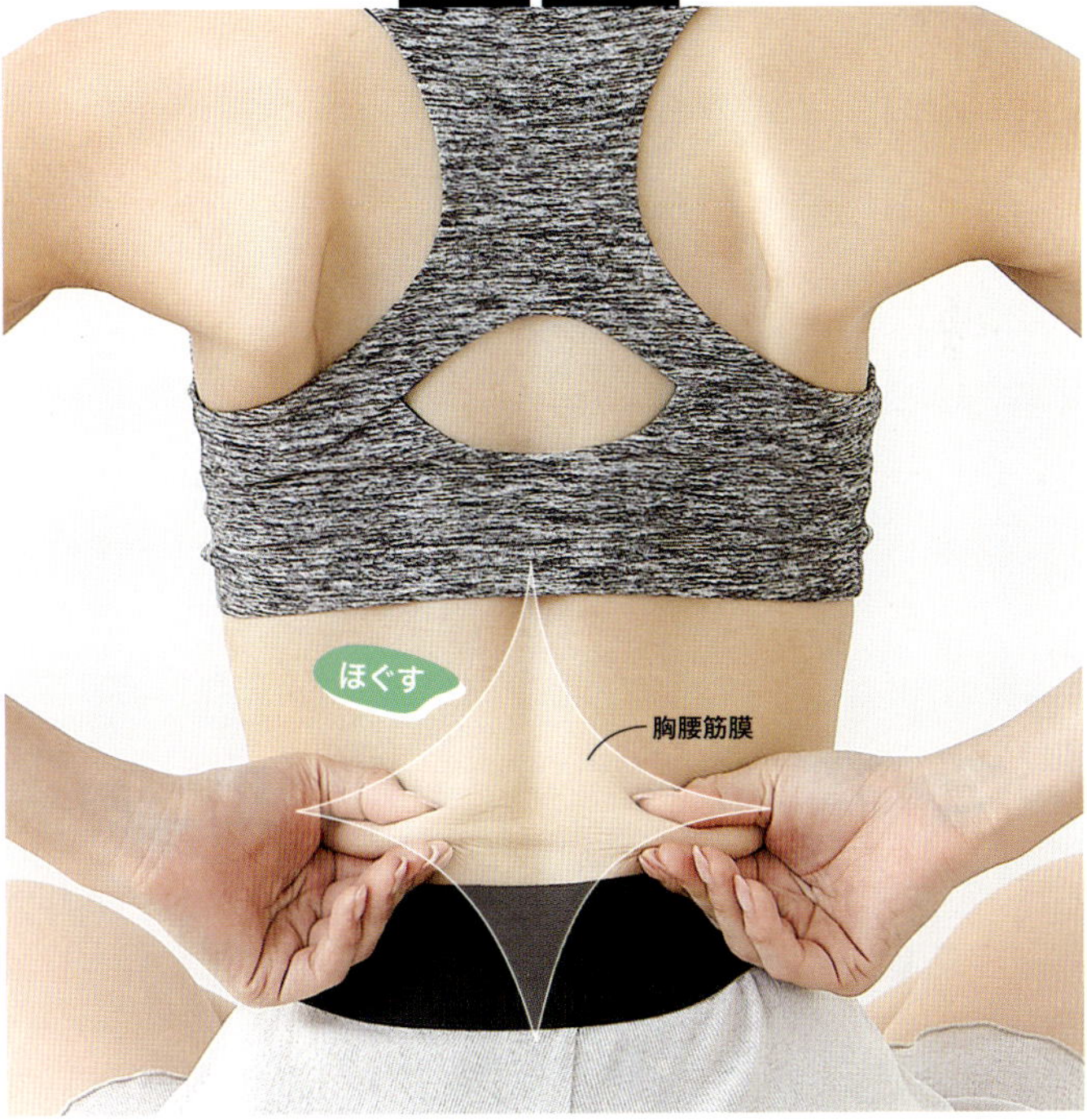

STEP

2

こぶしの関節で背中全体を上下にほぐす

左肩を下にして横になります。右手のこぶしの関節で背中側の肋骨の下からお尻のあたりまで、位置をずらしながら腰を中心に背中全体を、20回程度上下にほぐします。

ほぐす

肋骨下からお尻まで **まんべんなく左右各10回程度**

STEP

3

こぶしの関節で
骨盤の下あたりをほぐす

左肩を下にして横になります。骨盤の下の部分で、出っ張りのあるところを腸骨といいます。この骨のまわりをこぶしの関節で上下にほぐします。脂肪が乗りやすいところなのでしっかり行いましょう。

ほぐす
左右各10回

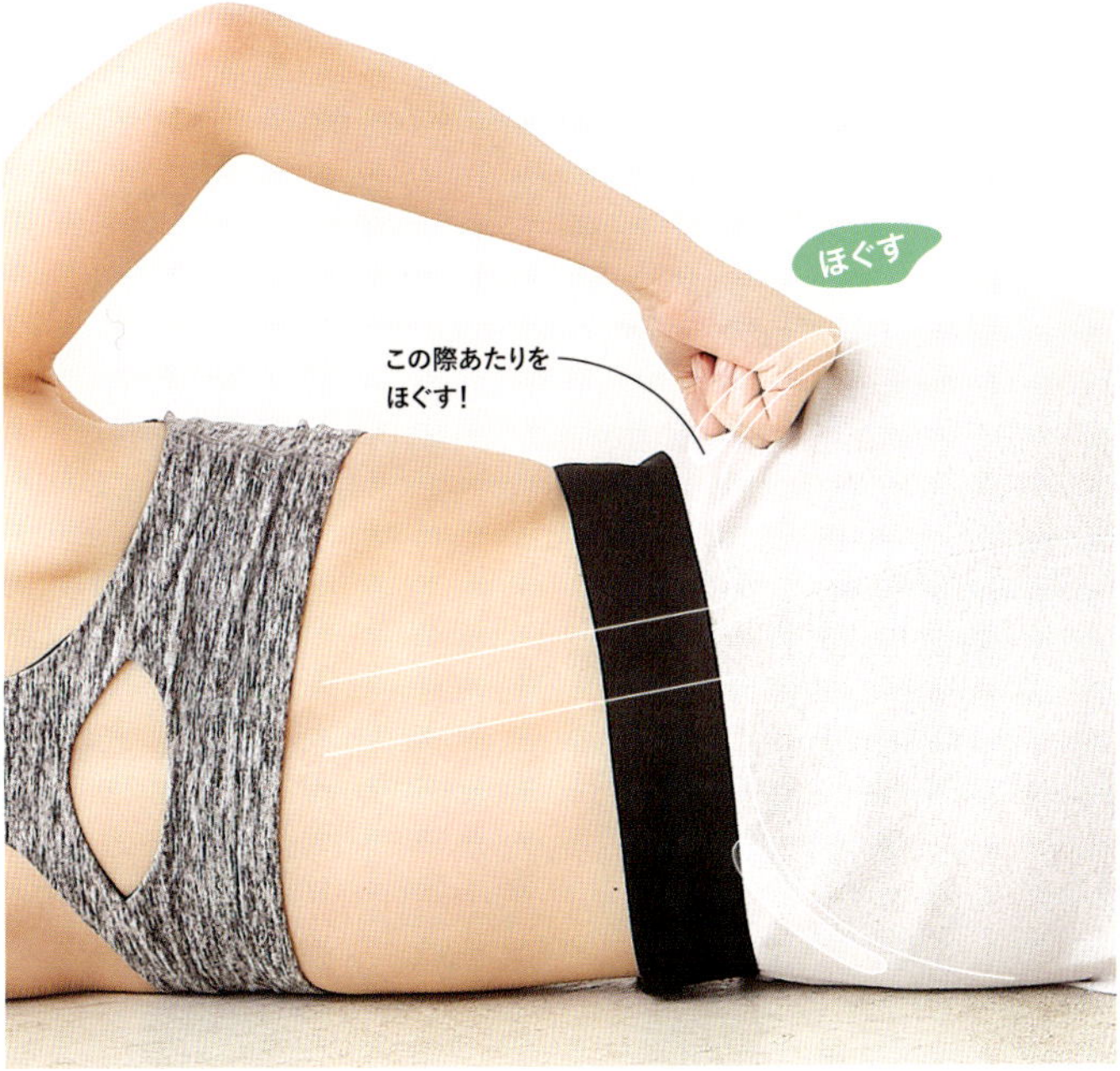

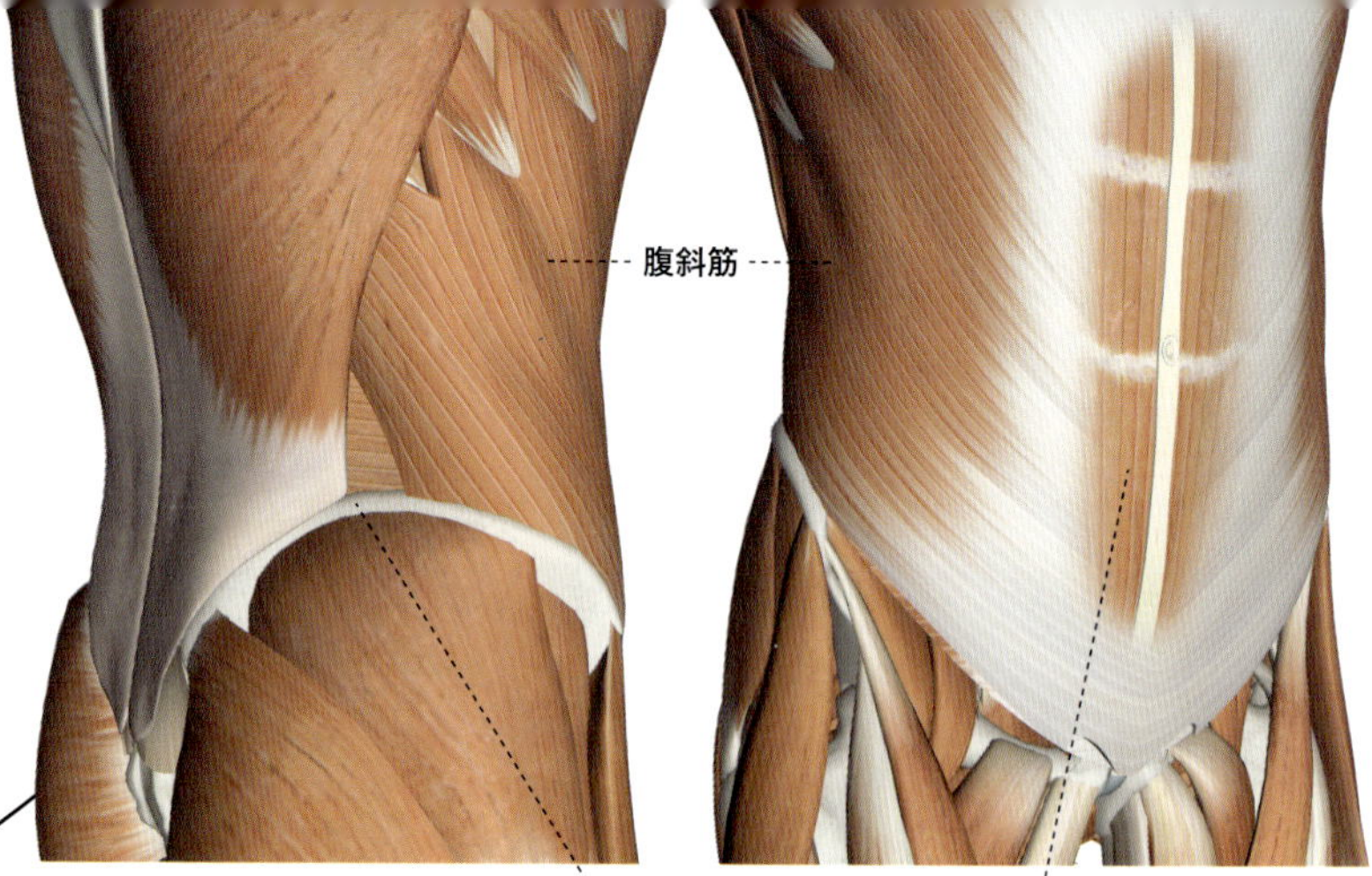

Target

腹斜筋《ふくしゃきん》、腹直筋《ふくちょくきん》

コルセットのようにお腹全体を引き締めて姿勢を保つ腹斜筋、うっすら縦線を出すための腹直筋を刺激して、魅せるお腹をつくっていきましょう。

Weekly Program: 2nd week

動画で解説

わき腹

くびれは女性らしい身体の象徴ですが、肋骨と骨盤の距離が短いと、くびれるために必要なスペースがないため、寸胴に見えてしまいます。

では、なぜ肋骨と骨盤の距離が短くなってしまうのでしょうか。それは、腹筋のしすぎや姿勢の悪さなどが原因で、腹斜筋が収縮してしまうからです。「脂肪ほぐし」で柔らかくくびれやすいウエストをつくりましょう。

また、わき腹は脂肪が乗りやすく、セルライトになってしまっている人もいます。これがいわゆる〝浮き輪〟ですが、ほぐすことで血管やリンパ管への圧迫を軽減させることができます。

STEP

1

背中側の肋骨下から お腹へ向かって押し流す

右肩を下にして横向きになり、左手の親指を背中側の肋骨の下に沿って当てます。指の側面を使って背中側からお腹に向けて、ウエストを絞るようにして強く押し流します。

背中側肋骨下からお腹側へ　押し流す 左右各10回

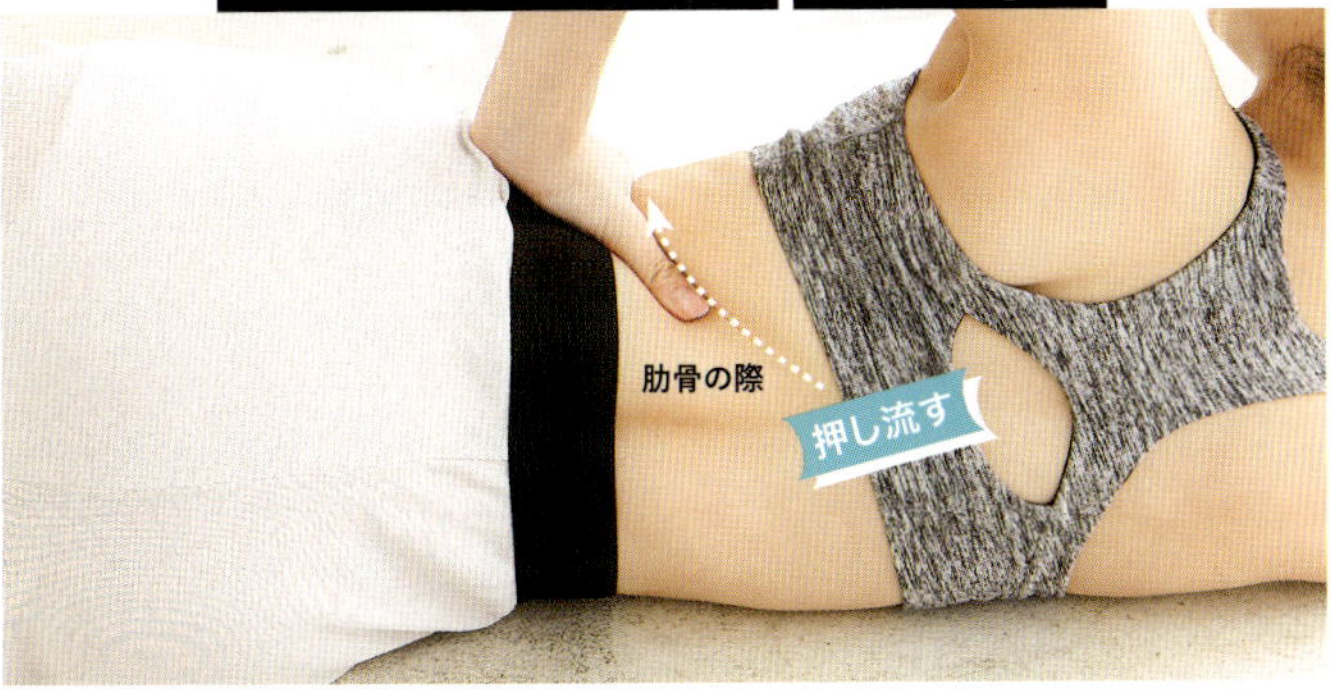

STEP

2

親指でわき腹の脂肪を背中側からへそに向かって押し流す

右肩を下にして横向きになり、左手をわき腹あたりに当てます。わき腹の肉全体を、背中側からへそ下に持ってくるように、絞るように強く押し流します。個人差はありますが、**STEP❶**より指1本分下あたりです。

背中側からおへそ下へ　押し流す 左右各**10**回

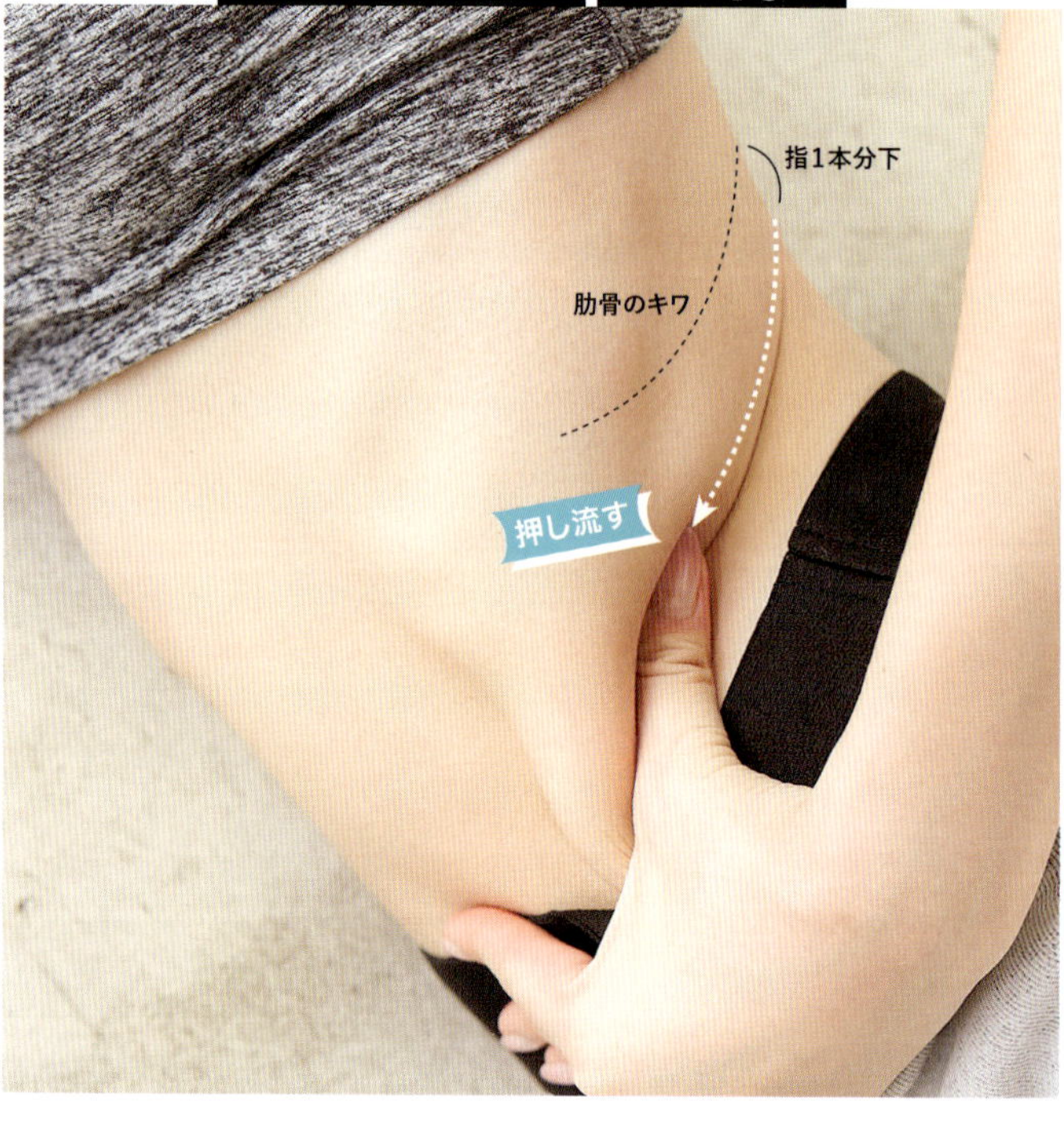

STEP

3

骨盤まわりの脂肪を骨盤の際に沿って押し流す

右肩を下にして横向きになり、左手の親指を骨盤のキワ(P.80参照)に食い込ませます。骨盤の骨に沿って、背中側から脚のつけ根に向かい、強く押し流します。

背中側から脚のつけ根へ　押し流す 左右各10回

Column

太ももやふくらはぎにばかり目がいきがちですが、実は足裏をケアしないと脚ヤセは叶いません。足裏の筋肉は、底の固い靴やヒールの高いパンプスが原因で、疲労が溜まったり、固くなったりします。すると足指や足首の動きが悪くなり、上手に使えなくなってしまってむくみの原因になり、さらに、ふくらはぎや太ももに影響が出て太くなってしまいます。まずは足裏を柔らかくしておきましょう。お風呂のなかでケアする程度でも十分です。

足裏のケアなくして脚ヤセはない!

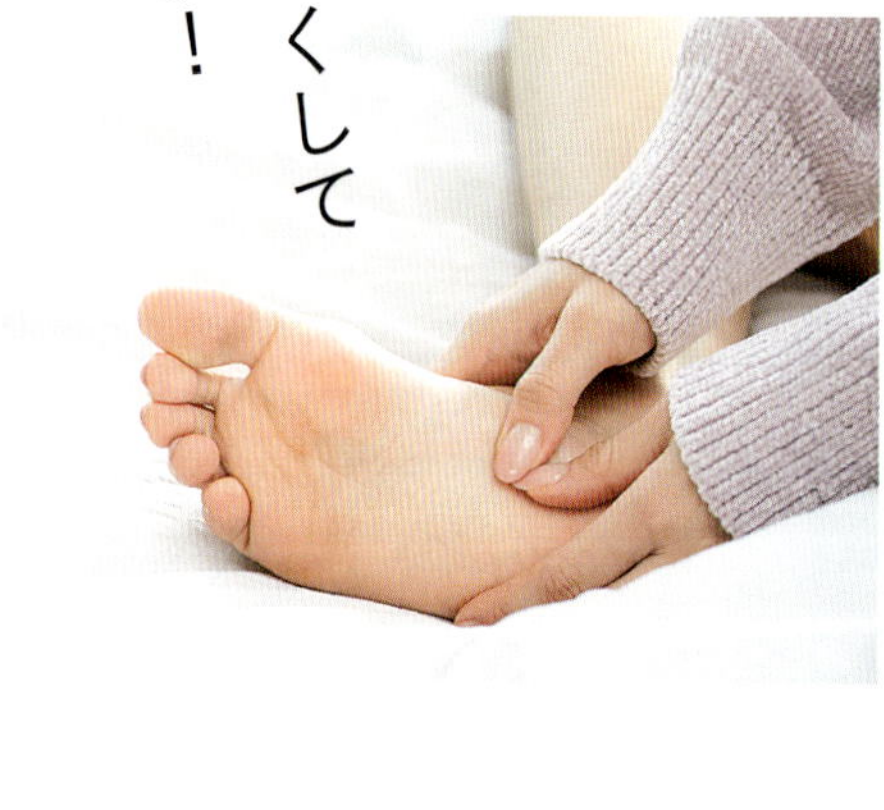

3rd week

めぐりのいい身体をつくる

Weekly Program:

1週目2週目で固太りしやすい部位をくだくようにもみほぐしたら、いよいよ3週目はヤセやすい体質に導いていきます。リンパ液の流れをよくしたり、呼吸の要である横隔膜をほぐしたりして、脂肪を燃やすための材料を身体に入れていきましょう。

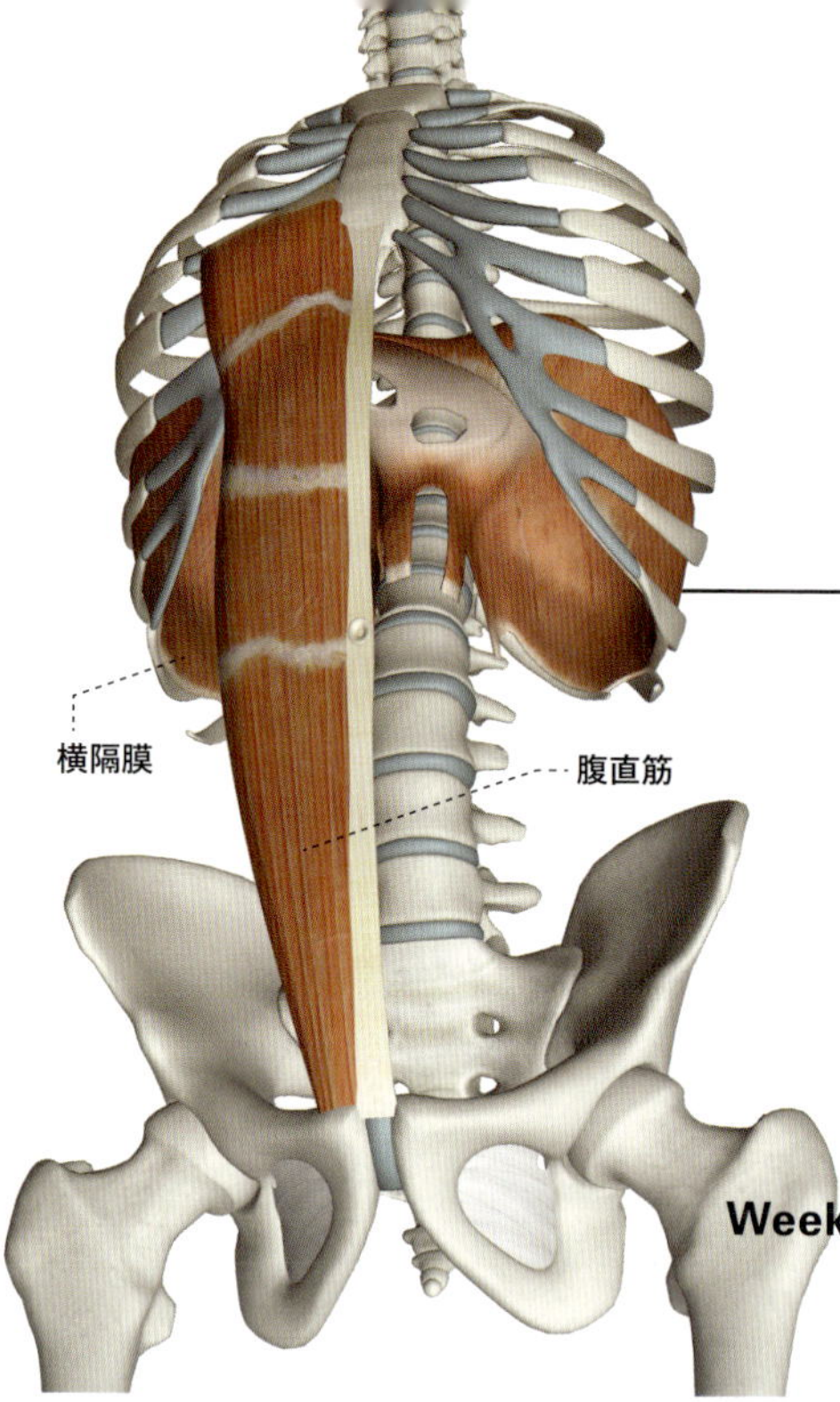

◎ Target

横隔膜《おうかくまく》、腹直筋《ふくちょくきん》

横隔膜は意識的によく動かして、可動域を広げましょう。呼吸が浅くなっているな、と感じたら、肋骨の下を押す習慣をつけて。

Weekly Program: 3rd week 動画で解説

横隔膜

横隔膜と肥満は、実は深く関係しています。

横隔膜は呼吸によって上下に動く筋肉です。ところが姿勢が悪かったり、ストレスによって自律神経が乱れたりすると、呼吸が浅くなってしまいます。すると横隔膜の動きが小さくなり、酸素が取り込めなくなるのです。

酸素は脂肪を燃やすために必要な、大切な材料です。材料が不十分だと、当然、脂肪燃焼も不十分になります。

横隔膜をしっかりほぐして、深い呼吸ができれば、自律神経のバランスも整って、ストレスが軽減するほか、脂肪を燃やすための酸素も十分に取り込むことができるようになります。

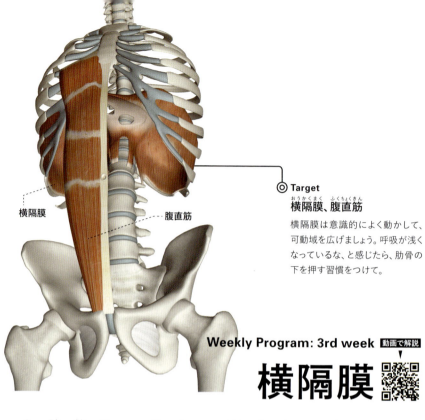

STEP
1

肋骨をつかむようにして横隔膜を緩める

仰向けになり、親指以外の指を肋骨の裏に入れるようにして圧迫します。わき腹に向かって少しずつ位置をずらしながら浅い呼吸やストレスで固くなりやすい横隔膜（P.86参照）を緩めていきます。

10秒ずつ　圧迫 3か所

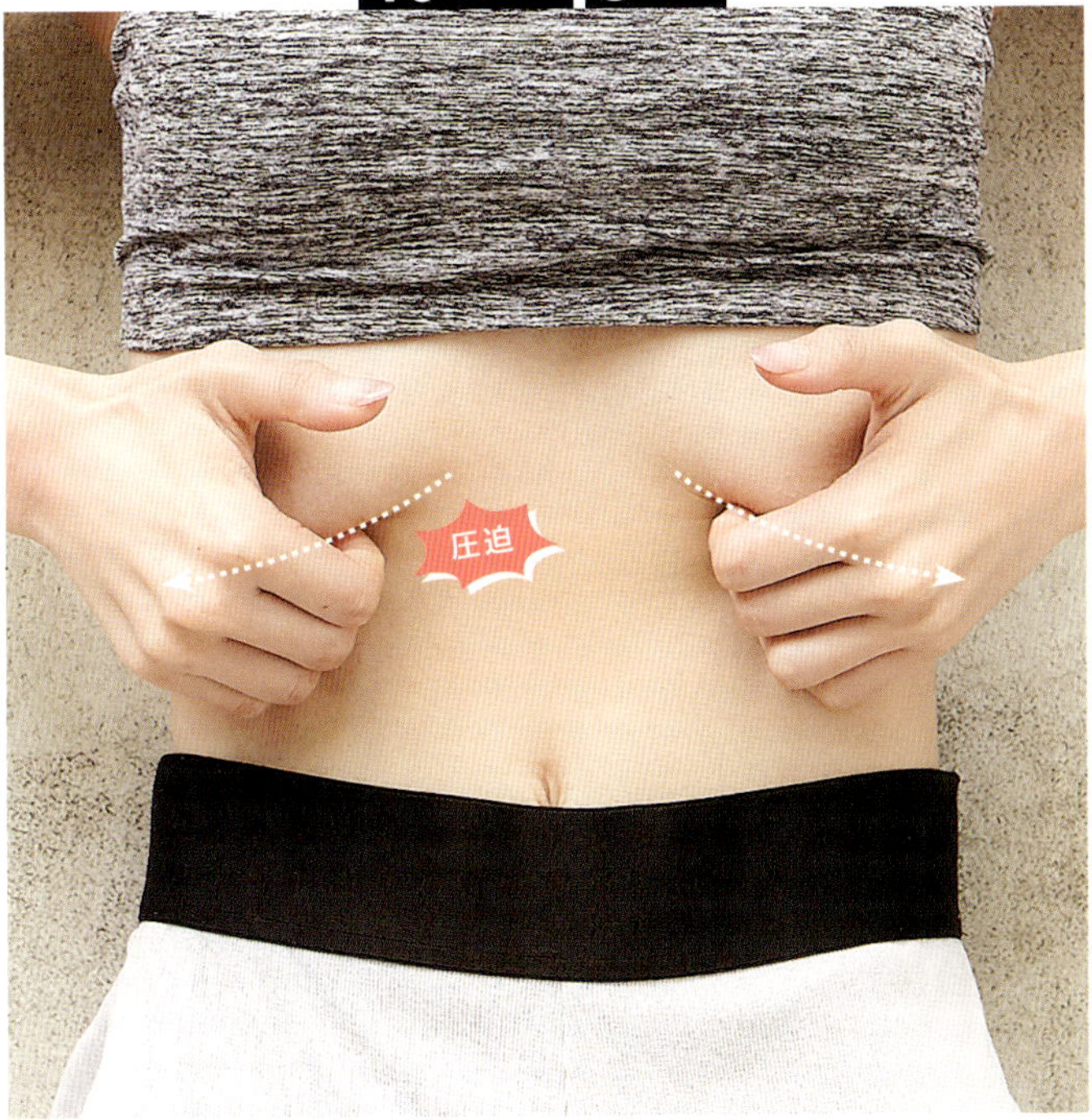

STEP

2

肋骨下に沿って押し流す

仰向けになって親指以外の指を肋骨に沿わせて、わき腹に向かって強めに押し流します。息を吐きながらお腹を緩めた状態で行いましょう。

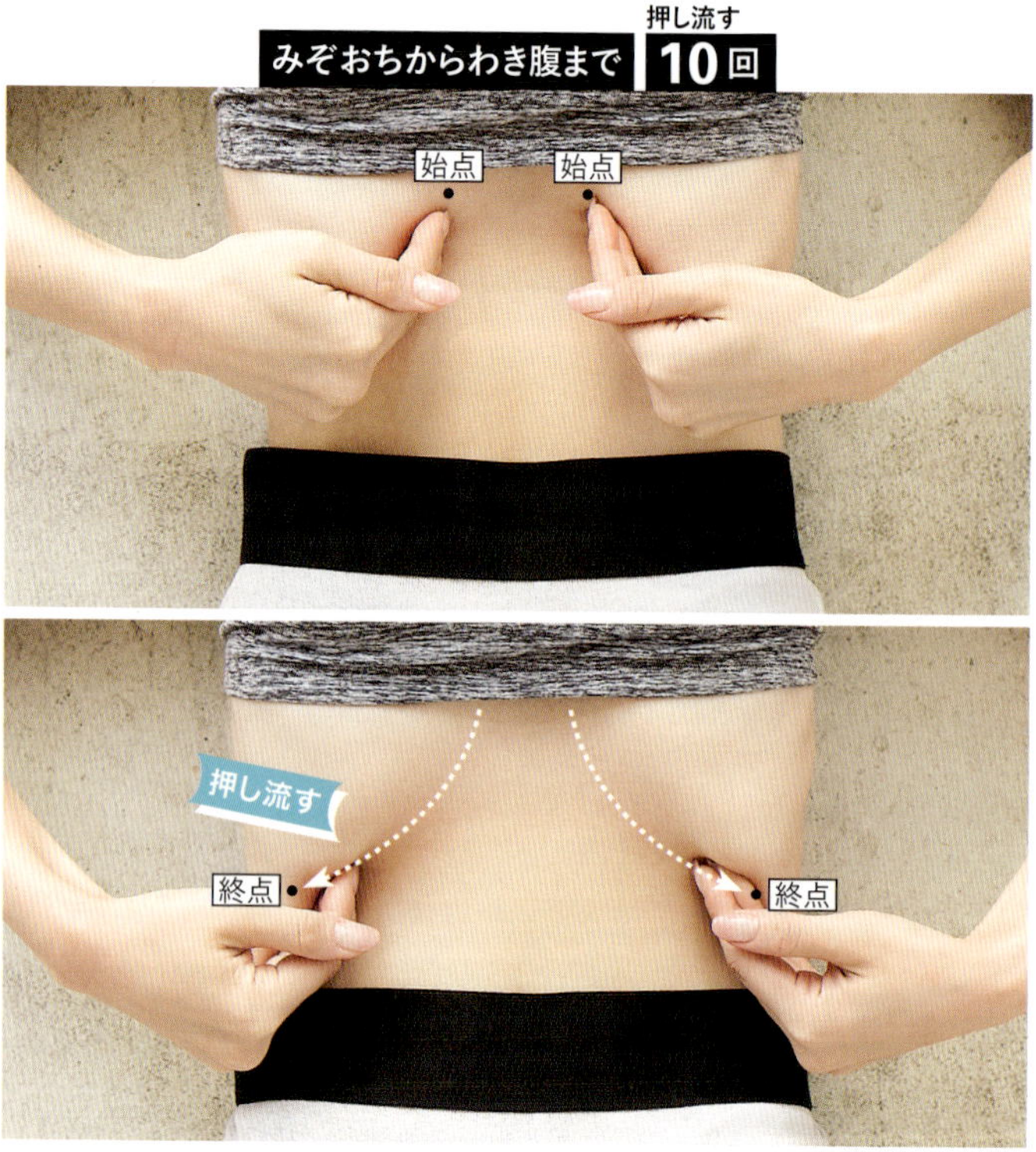

STEP

3

親指の腹で 腹直筋に沿って押し流す

仰向けになり、親指はお腹側に置きます。親指の腹を使って肋骨の下からそけい部まで、腹直筋（P.86参照）を強く押し流します。固くなりやすい筋肉ですが、ここがキレイに浮いていると締まって見えます。

肋骨下からそけい部まで 押し流す 10回

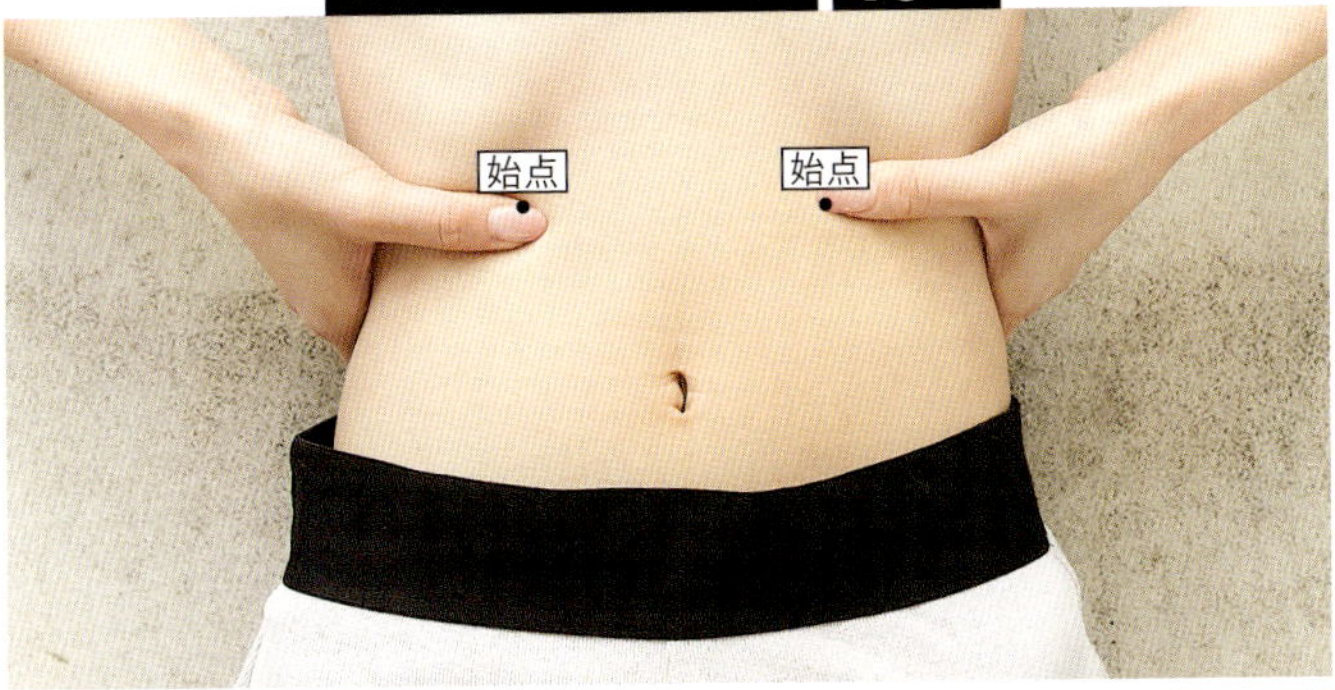

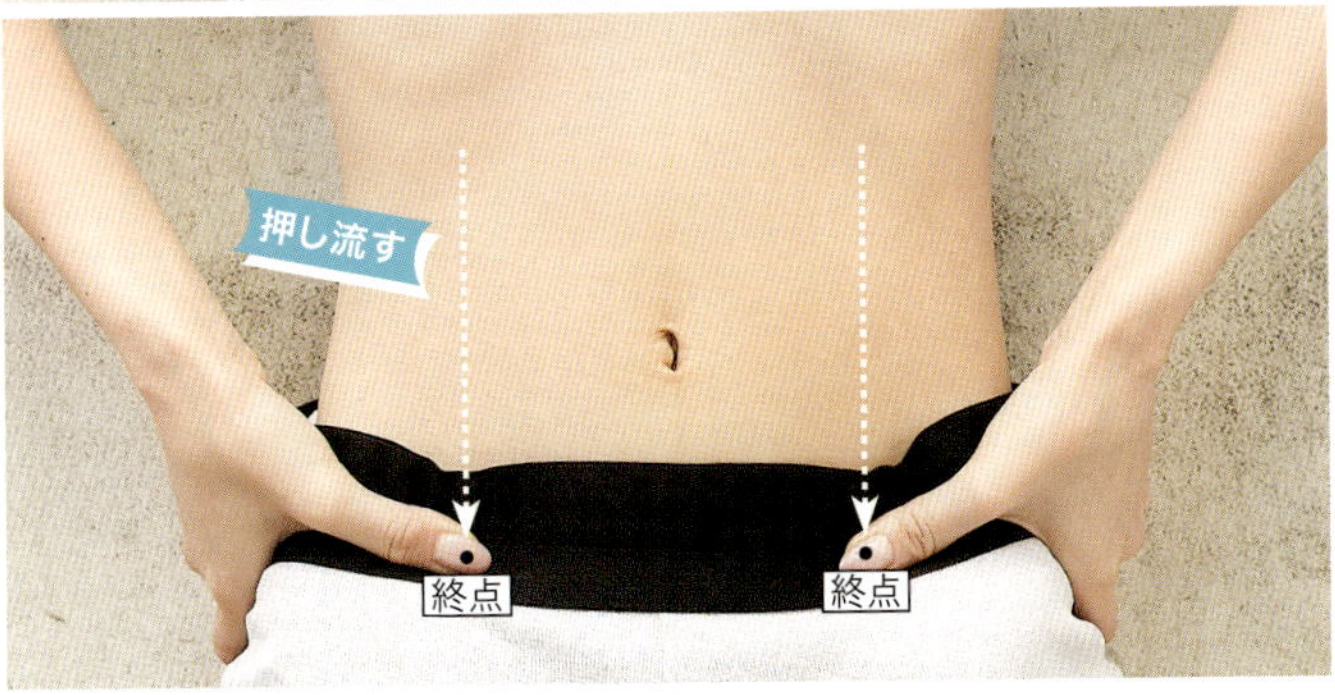

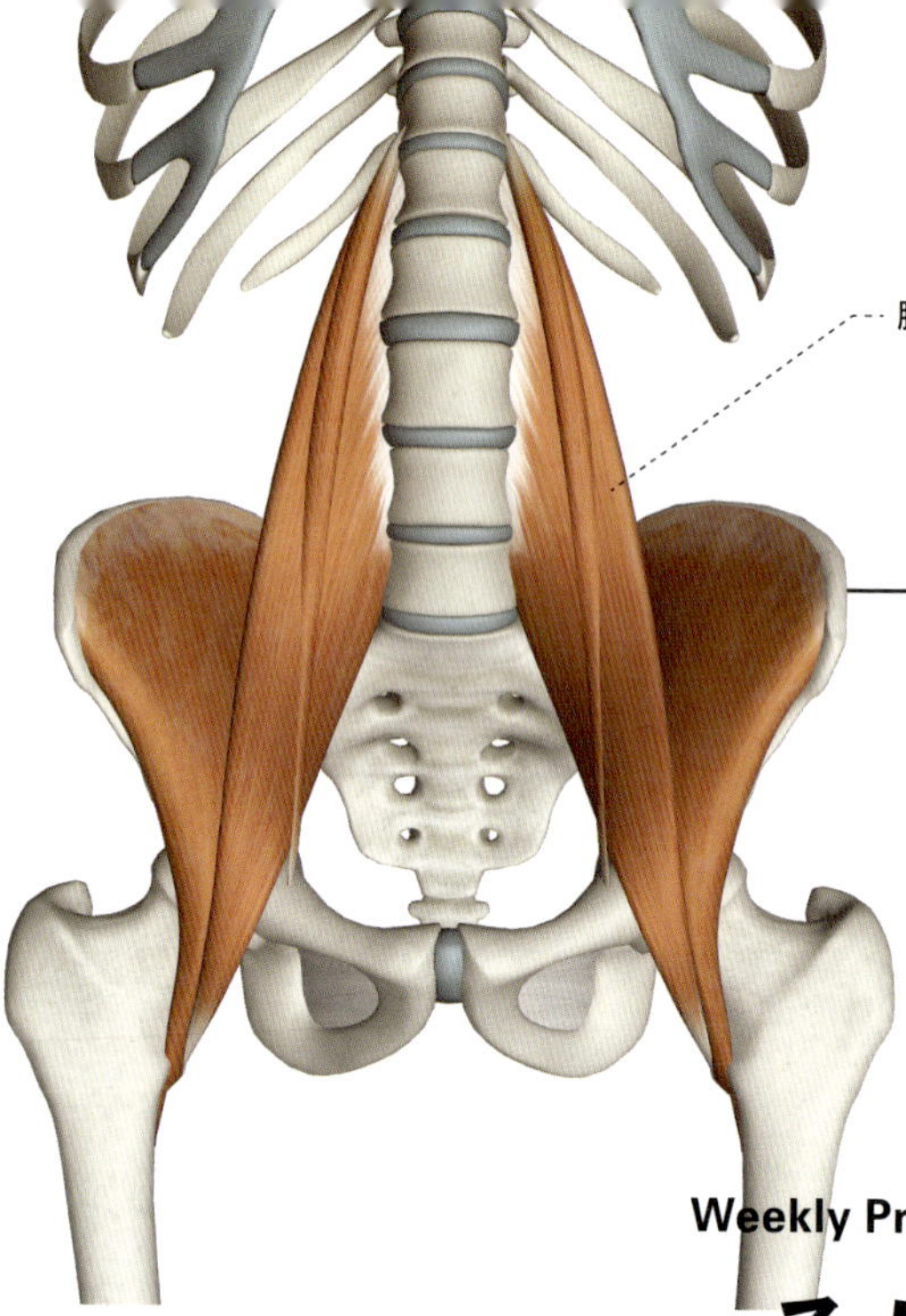

◎ Target

そけいリンパ節、腸腰筋《ちょうようきん》

そけい部は、椅子に座った姿勢で圧迫されやすいため、詰まりやすい箇所です。また、腸腰筋は比較的深いところにある深層筋で、上半身と下半身をつないでいます。

Weekly Program: 3rd week

動画で解説

そけい部

脚のつけ根にあるそけい部は、大きなリンパ節があり（P63参照）、脚やお尻の動きを担当する股関節が近くにあり、さらに、上半身と下半身をつなぐ腸腰筋がある、身体のなかでも特に重要な場所です。そして、長時間の座り姿勢や悪姿勢による影響を受けやすい場所でもあります。

普段の姿勢のクセなどが原因でそけい部のまわりにある腸腰筋が固くなってしまうと、周囲に点在するリンパ節が詰まり、下半身全体のリンパ液の流れに影響します。こまめにほぐしたり、圧迫してパッと解放したりすることで筋肉を緩め、血流やリンパ液の流れを促しましょう。

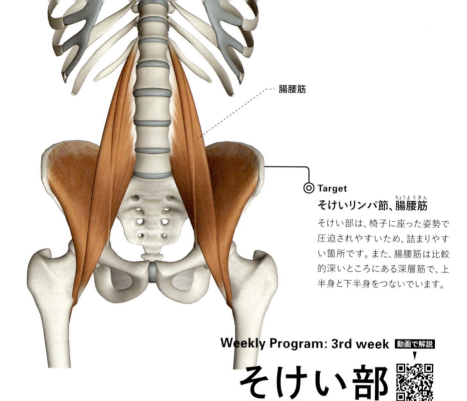

STEP

1

親指の腹で
下腹全体を押し流す

仰向けになり、親指はお腹側、それ以外の指は背中側にして骨盤あたりをつかみます。親指の腹を使って、おへその下あたりの高さから恥骨に向かって脚のつけ根まで、まんべんなく押し流していきます。

おへそ下から脚のつけ根まで　押し流す **全体で10回程度**

30日間のプログラムが終わったらどうする？

Column

ひと通りプログラムが終わっても、そこで止めてしまったらもったいない。ふくらはぎや腸、乳び槽はできるだけ毎日欠かさず、その他の部位は、気になるところは回数を増やすなど、自分でアレンジして、続けてみてください。生きていれば、毎日どこかの筋膜が凝ったり、張ったりしてしまうもの。その都度ケアすることが大切です。続ければ続けるほど脂肪はどんどんほぐれていくので、ヤセやすい、太りにくい体質に変わることができます。

4th week
ノースリーブの似合う腕に

Weekly Program:

仕上げは上半身です。薄着になると特に気になる二の腕は、連動する肩甲骨のケアとあわせて行うのが必須です！ 肩甲骨まわりも、二の腕もすっきりすれば、自信をもってノースリーブやTシャツが着られるようになります。

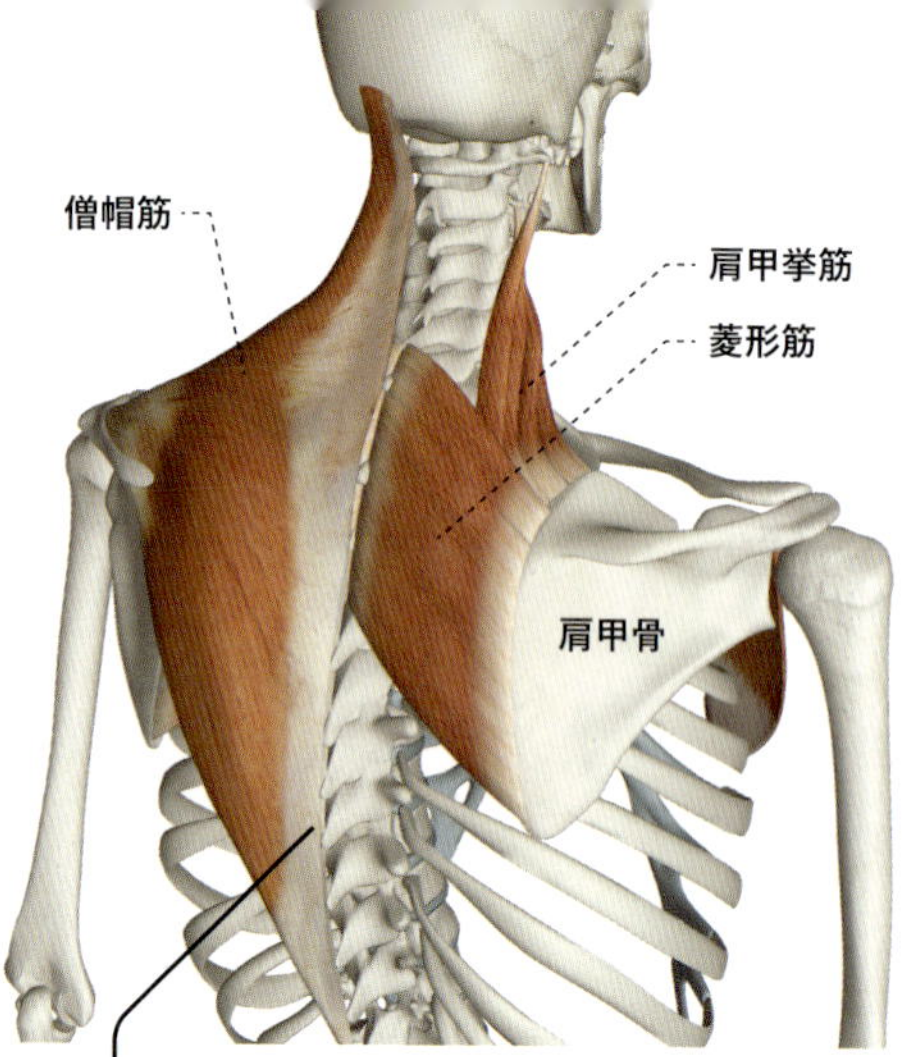

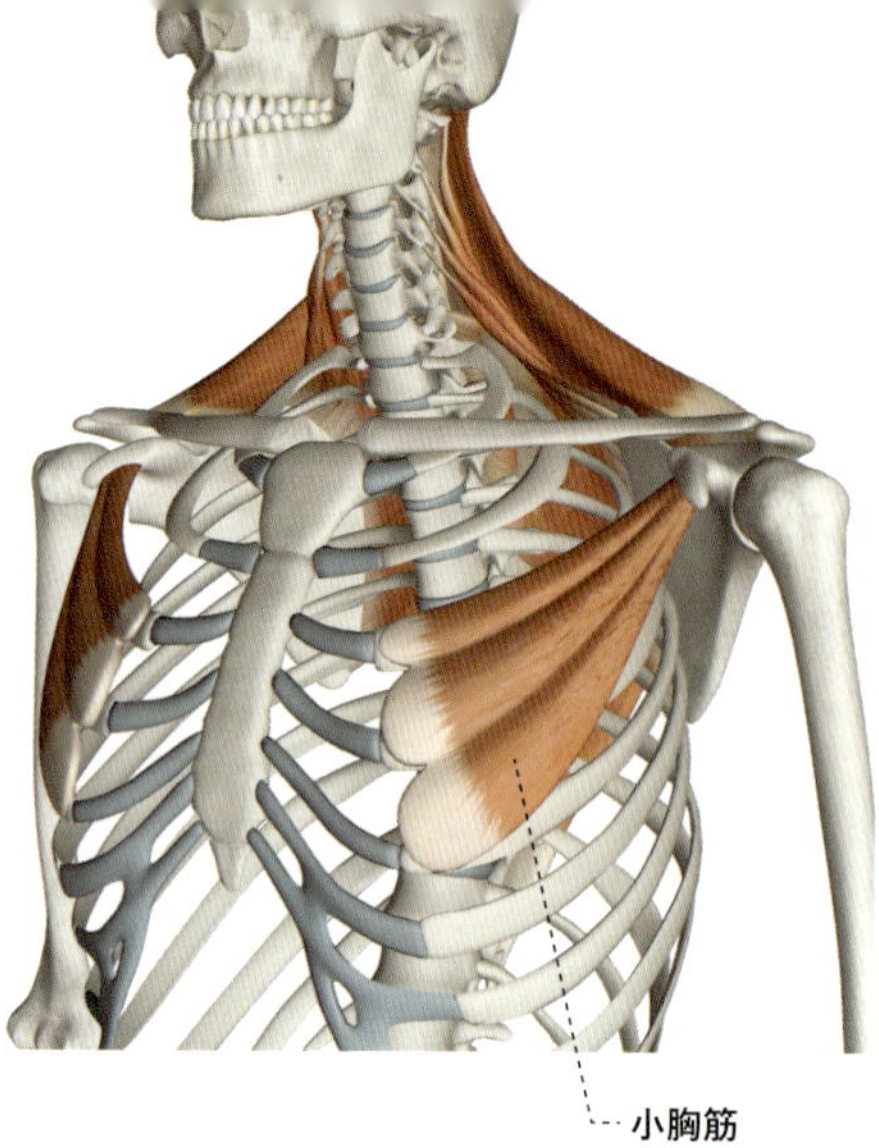

Target

小胸筋《しょうきょうきん》、肩甲骨《けんこうこつ》、菱形筋《りょくけいきん》、肩甲挙筋《けんこうきょきん》、僧帽筋《そうぼうきん》

小胸筋がすっきりすると、一気にほっそりとした印象に。また、肩は筋トレではどうしても太くなってしまうので、固太りを解消する「脂肪ほぐし」が最適のケア方法です。

Weekly Program: 4th week

動画で解説

肩甲骨

私が配信している動画サイトで最もアクセス数が多いのが肩甲骨です。肩甲骨の可動域の広さは背中の美しさに直結するからでしょう。

肩甲骨は、菱形筋、肩甲挙筋、僧帽筋などをメインに、いくつかの筋肉に支えられています。そして、解剖学上では、実は腕に含まれます。

肩甲骨を支える筋肉は、デスクワークや家事などで前かがみの姿勢が多いと、体の前側に引っ張られてしまいます。すると固くなって血流が滞り、わきの下のリンパ節も詰まりやすくなります。肩甲骨を支える筋肉のハリやコリが強くなると、可動域が狭くなって脂肪がつきやすくなってしまうのです。

STEP

1

鎖骨の下を こぶしで押し流す

右手のこぶしで左鎖骨のすぐ下の小胸筋（P.94参照）を、肩口に向かって押し流します。姿勢が悪いと、背中の筋肉が引っ張られるのと同時に、小胸筋が収縮してしまいますが、押し流すことで改善されていきます。

押し流す
左右各10回

STEP

2

手を後ろに回して 肩甲骨を動かす

左手を後ろに回し、親指を肩甲骨に添えます。腕を前後に動かすことで、肩甲骨をストレッチ。肩甲骨に付着している菱形筋、肩甲挙筋、僧帽筋（P.94参照）などが連動し、まわりの筋肉がほぐれてハリやコリが軽減されます。

動かす

左右各10回

肩甲骨に触れられなくても
後ろに手を回すだけで効果大！

STEP

3

肩甲骨に沿って
わきまで押し流す

左手を右肩に預けます。右手は左の肩甲骨のあたりに置いて親指以外の指の腹を使い、肩甲骨に沿ってわきに向かって流します。肩甲骨まわりがほぐれると、リンパ液の流れが促されます。

押し流す

肩甲骨からわきまで 左右各10回

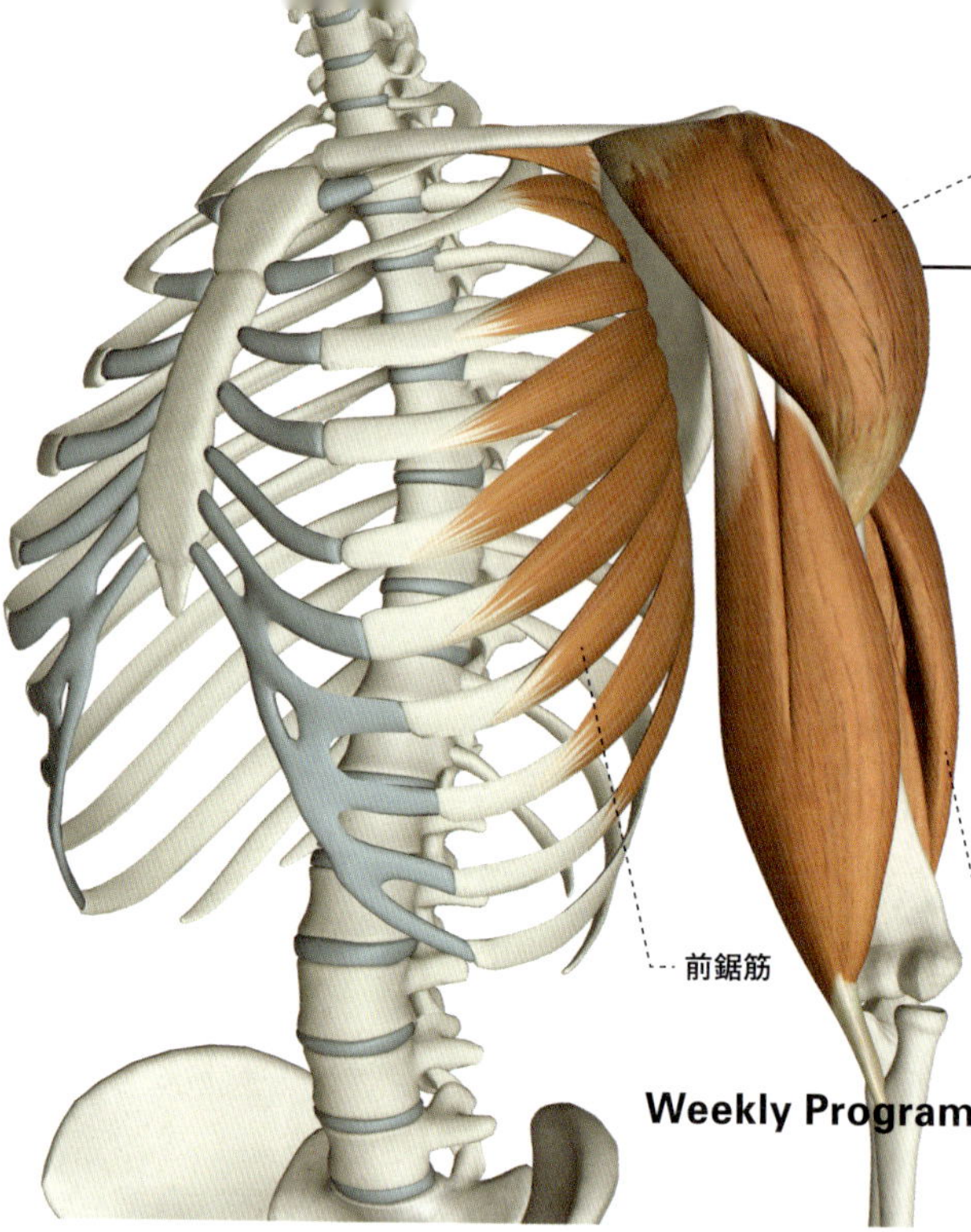

◎ Target

前鋸筋《ぜんきょきん》、上腕三頭筋《じょうわんさんとうきん》、三角筋《さんかくきん》

腕は筋肉もつきやすいのですが、固太りしやすい箇所です。わきともつながっており、腕の動きが悪いとたるみやすくなります。上腕三頭筋が、いわゆる二の腕です。

Weekly Program: 4th week 動画で解説

腕

肩甲骨は肩関節によって、腕の骨である上腕骨とつながっています。そのため、肩甲骨の動きの良し悪しが、腕の太さに影響するのです。

例えば、姿勢が悪く、肩が内側に巻いている巻き肩の場合、肩甲骨が外側に開いて、支える筋肉が張ってしまい、可動域が狭くなります。すると連動する腕の動きも悪くなり、血流が低下して冷たくなって、脂肪がつきやすくなるのです。

肩甲骨をしっかりと動かしたあとは、腕についた脂肪をしっかりとくだくようにほぐして、血行とリンパ液の流れを改善しましょう。人目につきやすい部分なので、効果大です。

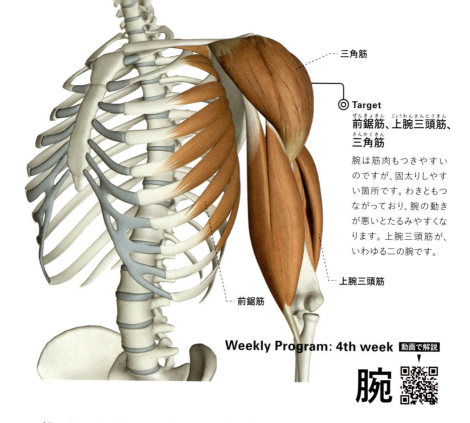

STEP

1

前鋸筋をつかんで もみほぐす

右手で左の背中、ブラ上に来るあたりからわきの下に向かってもみほぐします。前鋸筋（P.98参照）は、肩甲骨を動かしたり安定させたりする働きをもつため、凝り固まってしまうと可動域が狭くなり、肩コリの原因にもなります。

ほぐす

ブラ上からわきの下まで　左右各10回

STEP

2

二の腕をひじからわきに向かって押し流す

左のひじを肩の高さまで上げて右のこぶしを当てます。こぶしの関節を使って、二の腕のたるみやすい振袖部分、上腕三頭筋（P.98参照）をひじからわきに向かって強く押し流していきます。

STEP

3

肩口からひじまで押し流す

左の肩口に親指以外の指を当てて肩を包むようにします。指の腹に力を入れて、肩口の三角筋からひじまで、押し流します。腕に筋を出すようなイメージで行いましょう。

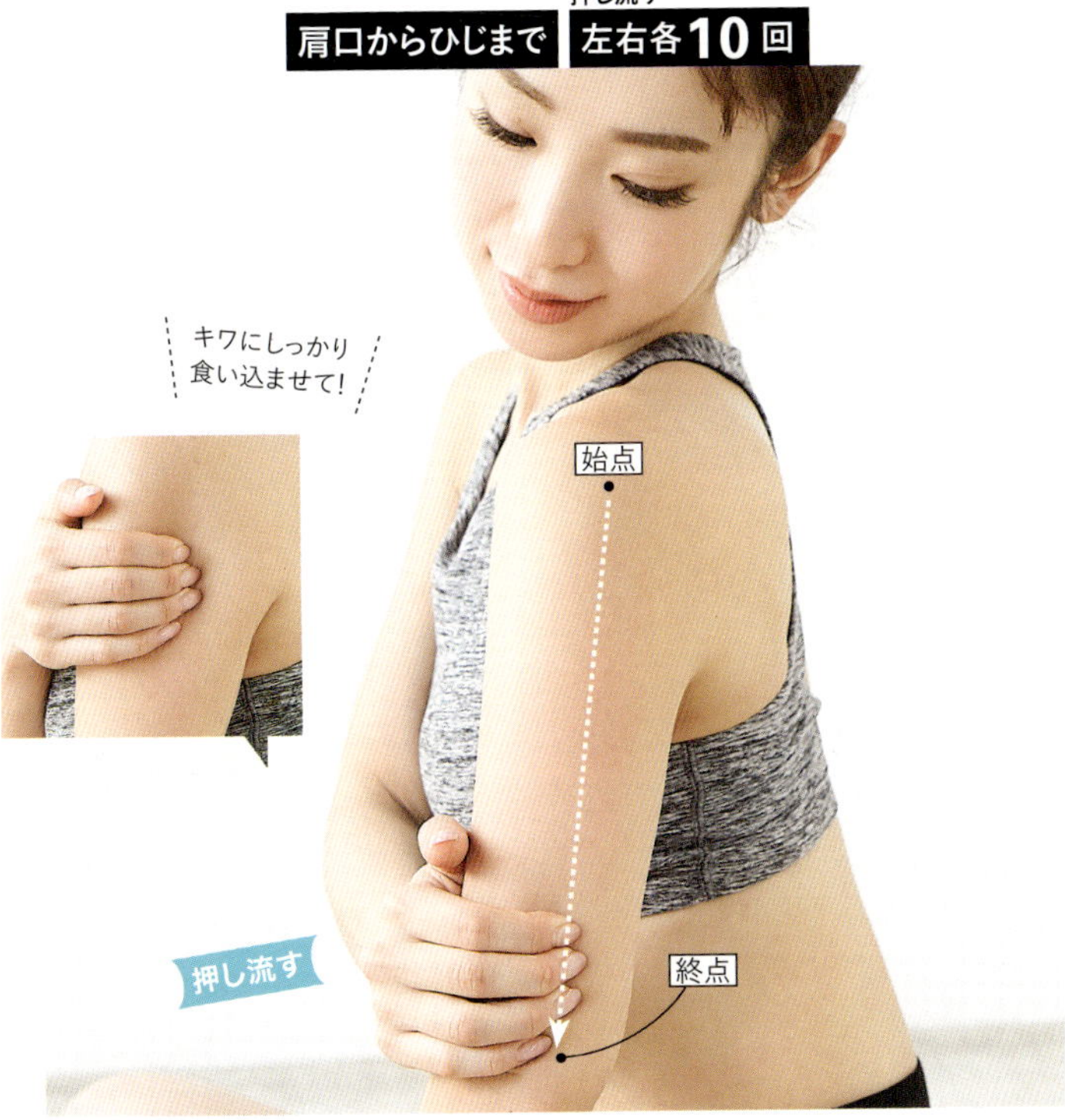

「伝説の脂肪ほぐし」の“ブースター”

3days 塩ぬき CHALLENGE

○

酒類（ワイン、日本酒）
酢（バルサミコ酢、穀物酢など）
砂糖（できればラカント）
香辛料（七味、ブラックペッパー、カレー粉）
薬味（ごま、ねぎ、しょうが、粉わさび）
油類（ごま油、オリーブオイル、ココナッツオイル、無塩バター）
酸味（レモン、かぼす、トマト）

調味料は、塩を配合したドレッシングやソース類、みそやしょう油はNGです。加工調味料はたいていNG。料理酒にも塩が入っています。一方、砂糖やはちみつなど糖分は自由にとってかまいません。オイル類や酒類を利用して、風味づけを工夫しましょう。食材では加工食品に注意。チーズにも塩は入っています。

短期間で結果を出したい！ というクライアントさんには、「『脂肪ほぐし』をはじめるのと一緒に、3日間“塩ぬき”の食事で過ごしてみてください」と指導しています。塩味の強い食事を普段している人なら、3日でだいたい1.5kgから2kg、体重が落ちます。むくみが取れるためです。

塩分、つまりナトリウムを多くとると、ナトリウム濃度を一定に保とうとして細胞が水分を抱え込んでしまいます。また、老廃物をろ過して尿として排出する腎臓にも負担がかかり処理が追いつかなくなってしまうことも。そのため、塩分をとりすぎるとむくみやすくなるのです。

なぜ「脂肪ほぐし」のブースターとしておすすめしているかというと、大多数の人は体重が減るため、ダイエットに対する意識ややる気が高まるというのがひとつ。もうひとつはむくみを解消したり老廃物を排出したりしておくことで、よりほぐしやすくなるためです。

実は、日本の成人女性1日あたりの平均の塩分摂取量は9.4g（厚生労働省調べ）ですが、摂取目標値は7g。WHO（世界保健機関）の目標値はさらに低く5gです。つまり私たちは塩分過多の食事をしているのです。健康のためにも、減塩はおすすめです。ただし、フラついたり気分が悪くなったりしたら、すぐに止めてください。夏場の塩ぬきも危険です。心配なことがあれば、かかりつけの医師に相談のうえ、行ってください。

△

かつおぶし、青のり、しらす、じゃこ、ひじき

×

ソース、だし、チーズ、ハムなどの加工品、練り製品、有塩バター、しょう油、みそ、マヨネーズ、パン、ポン酢、市販のおにぎり、市販のスープ類、洋菓子和菓子類全般、干しエビ、干し貝柱など海産物

豆腐ティラミス

材料（2人分）

絹ごし豆腐 … ½丁
ラカント … 適量
ココアパウダー … 適量

作り方

1 豆腐をキッチンペーパーで包み、重石を載せて水切りをする（1時間以上）。
2 **1**にラカント、ココアパウダーをかけ、食べやすい大きさに切ったら器に盛る。

RECIPE

あべかわ餅風高野豆腐

材料（2人分）

減塩高野豆腐 … 1枚
ラカント … 適量
きな粉 … 適量

1 高野豆腐を熱湯で戻して粗熱をとり、キッチンペーパーで水気を切って4等分に。
2 **1**を器に盛り、ラカントときな粉をかけたら完成。

天然素材でつくられたカロリーゼロの甘味料

羅漢果《らかんか》という植物由来の天然甘味料。上白糖の代わりに使えます。スイーツにも、飲み物にも、もちろん料理にも◎。

鯛と野菜のタジン鍋

材料（2人分）

ひと口大に切った白菜 … ¼株
小房に分けたしめじ、まいたけ … 適量
鯛の切り身（小） … 4枚
プチトマト … 4個
薄切りのレモン … 4枚
小口切りの万能ねぎ … 適量
千切りのしょうが … 適量
日本酒 … ½カップ
ブラックペッパー … 適量

作り方

1 タジン鍋に白菜をしいてしめじ、まいたけを入れ、その上に鯛を載せる。空いたところにトマトとレモンを置き、しょうがを散らして日本酒を回しかける。
2 ふたをして野菜に火が通るまで加熱する。
3 仕上げにブラックペッパーをふり、万能ねぎを散らす。

塩ぬき

千波サラダ

材料（2人分）

半分に切った芽キャベツ … 4個
食べやすい大きさに切ったエリンギ … 1パック
牛もも肉の薄切り … 80g
ひと口大のリーフレタス … 適量
薄切りにしたアボカド … ½個
細切りにしたパプリカ … ¼個
A ｜オリーブオイル … 大さじ1
｜バルサミコ酢 … 小さじ1
｜ブラックペッパー … 適量

作り方

1 芽キャベツとエリンギはグリルする。牛もも肉はボイルしたら水を切り、粗熱をとる。
2 ボウルに**A**を入れて、混ぜ合わせる。
3 皿に材料すべてを盛りつけて、**2**をかけていただく。

Chinami's

3days

塩ぬき

MENU

外食が続いたりして体重のコントロールがしづらい日が続くと、私は塩ぬきをします。頻度は2か月に1回くらい。3日間をどう過ごしているのか、お見せしましょう。

Breakfast

DAY 1

焼きリンゴとバナナ
シナモンパウダーがけ

豆乳グルト

焼くことで甘味がアップ！シナモンパウダーをかけるとリンゴとバナナのおいしさが引き立ちます。豆乳グルトは低糖質、高たんぱくで優秀。

DAY 2

おからの
抹茶蒸しパン

クルミやアーモンドなどナッツ類を入れているので、食べごたえがあります。味は飽きたら変えてもOK。

DAY 3

豆乳プリン

豆乳と卵、ラカントを混ぜて濾してから電子レンジでチンするだけと簡単。お好みでココアパウダーをかけても。

Dinner

きのこと生鮭の酒蒸し

冷凍したきのこを使うとうま味が引き立ち、塩ぬきしても満足度が高い一品。お好みで七味をかけても。

チキンと白菜のワイン蒸し

鶏もも肉、白菜、まいたけ、玉ねぎを白ワインで蒸してレモンをかけるだけ。玉ねぎの甘味やまいたけの風味でいただきます。

豚ヒレ肉のロースト

脂身の少ないヒレ肉をローストして、ワサビやバルサミコ酢、オリーブオイルなどでいただきます。お好みの野菜を添えて。

Lunch

エビときのこのグリルサラダ

グリルしたエビときのこにブラックペッパーをかけて、オリーブオイルとバルサミコ酢のドレッシングで味付けをしました!

ケールと牛肉のサラダ

ボイルした牛もも肉とお好みの野菜で。ブラックペッパー、オリーブオイルにレモンの搾り汁を。

豆腐ともずくのスープ

お好みで七味をかけて。

水菜の豚肉巻き

水菜の豚肉巻きに、大根おろしとねぎをトッピング。

ひじきだし巻き卵

ひじきの風味と食感を楽しめるだし巻き卵。

アボカド

レモンの搾り汁で和えて。

「塩ぬき」Q&A

Q どれくらいの頻度でチャレンジしたらいいでしょう?

A 2か月に1度くらいを目安に行いましょう

塩ぬきをすることで、味覚が変化します。ただ、今まで塩分を多めに摂っていた人は、1、2日では味覚がリセットできません。1度につき3日行い、2か月に1度の頻度でトライするのが理想的。次第に塩分の少ない食事でも満足できるようになります。塩分が少ないと、ごはんやお酒も減ります。

Q 塩ぬきを終えたあとの食事はどうすればいいですか

A いつも通りの食事に戻しましょう

これまでの食事に戻していただいてかまいません。ただし、3日間の塩ぬきで味覚がリセットされて「濃い」と感じることがあれば、そのときは自分の感覚を信じて、味つけを薄くしてください。以前の濃い味が続くと、また味覚が戻ってしまうので、2か月に1度はチャレンジしてみましょう。

Q 塩ぬきがツラく感じますが、どうしたらいいですか?

A 継続すれば慣れていきます

濃い味つけに慣れていた人や外食が多い人は、はじめのうちは、塩ぬきの食事は味気なさを感じてツライかもしれません。でも、必ず味覚は変わります。私のクライアントさんにも、今ではサラダをドレッシングなしで食べられるようになったという人が大勢います。無理をしすぎない程度に、少しずつ塩ぬきを取り入れてください。

Q 3日以上、塩ぬきを続けてもいいですか?

A 1回につき3日までにしましょう

塩ぬきするのはあくまでも体内の余分な水分を出して、むくみをとるためです。ナトリウムは人間の身体にとって必要なミネラルなので、1回につき3日までにしましょう。神経伝達にかかわったり、細胞の働きをスムーズにしたりするなど、ミネラルには重要な働きがあるので、極端に少ないと身体に支障をきたします。

「脂肪ほぐし」をはじめたら、
食事への意識が変わった人がたくさん！
仕事中の ひと休みに
甘いカフェラテを必ず飲んでいた人が、
温かい紅茶にシフトできたり。
日々、自分に手をかけていると、
自然とストレスが緩和されるのかもしれません。

Part 3:
Mind Care
Chinami's Message

千波の処方せん

心と身体はつながっている、
これは私の信条です。
だからいつも心の状態や考え方を
どのようにもっていったら、
思い描いた自分に近づけるかを考えています。
人は心。大丈夫、すべてはよくなります。

願えば叶う、引き寄せの法則は科学的にも証明されている！

いつも、いつも、「どうせダイエットなんて失敗する」とか「ヤセてキレイになりたいけど私には無理」とか、そういって悩んで、苦しんでいる人が、私の講座生のなかにも、とてもたくさんいらっしゃいます。彼女たちに共通するのは、「どうせヤセられない」「キレイになんかなれない」といった、ネガティブな考え方です。

アメリカで、こんな面白い実験がありました。スクワットを実際に行うグループと、行っている自分をイメージするグループに分けて、30日間取り組んでもらうのです。その結果、まず、実際にスクワットを行ったグループのうち35％の人が、筋肉量が増えていました。これは当然の結果ですよね。

ところが一方で、行っている自分をイメージしていたグループでも、24％の人が、筋肉量が増えていたのです！　実際にはスクワットはせず、ただイメージしていただけで。驚きですよね！

つまり、「スクワットをしている」という脳からの指令が、神経を通じて筋肉にしっかりと伝達されたということです。

私たちの身体は、脳からの指令が神経を通じて身体中に伝達されていくしくみになっています。これは当たり前の生体反応。身体の最小の構成要素である細胞だって、神経細胞の指令を受けているのです。つまり、**自分の脳をダマすくらい本気でイメージすれば、細胞レベルで自分の身体を変えるのも可能**だということ。これって、すごいことだと思いませんか？

最初の話に戻すと、「どうせダイエットなんて失敗する」「私には無理」と思っていたら、キレイにヤセられるわけがありません。そうではなくて、「ヤセる」という周波数に、自分の脳を合わせてみましょう。すべてのものを構成する最小の単位を「素粒子」といいますが、素粒子は、周波数が同じもの同士を引き寄せ合う、という性質をもっています。キレイになっていく自分に脳の周波数を合わせていきましょう。**「ダイエットする」と決意するのではなく、キレイになっていく、よりよくなっていく自分をイメージする**ことで、身体も気持ちもいい方向に変化していきます。

ポジティブな言葉を意識して使って
ネガティブ思考から抜け出す

仕事で成功したり、ステキな彼氏ができて幸せな結婚ができたり、スリムになって細身のドレスをキレイに着こなせたり……。そんな、自分の理想の姿を思い描ける人は、セルフイメージが高い人です。反対に、理想はあるものの私には無理、と自分を否定してしまう人は、自分を認める自己肯定感とともにこのセルフイメージが低く、理想とは反対の自分をかえって引き寄せてしまいがちです。

では、セルフイメージを高めるためにはどうしたらいいのでしょうか。そのために、私が意識して取り組んできたことをお話ししますね。それは**人を褒めること**です。

他人を褒めることが、なぜ自分のセルフイメージを高めることに役立つの？　自分を褒めたほうがいいんじゃないの？　と思われるかもしれません。

けれど、人間の脳って、実は主語を選べないようにできているのです。なかなか自信がもてない人でも「あの人、キレイだなぁ」と思ったら、頭のなかに残るのは「キレイ」という言葉。このシステムを利用して、**どんどん人を褒めていくだけで、頭のなかはポジティブな言葉だらけ**になっていきます。

美容家として独立したころ、会う人会う人、いいところを探して褒めていました。「ヤセましたね！」「お肌ツヤツヤ」。いいフレーズが浮かばないときは「なんか今日、いい感じですね！」で十分です。いわれたほうも嬉しくなるし、そういう人を見ていると私もさらに嬉しくなります。

「キレイ」とか「素敵」とか「いい感じ」というような**プラスの言葉を使っているときは、人間、気分もプラスの方向に向いている**ものです。自分のことは褒めたりポジティブな言葉を使ったりすることができないという人も、人には使えますよね。まずは人を褒めることでプラスの言葉を使って、自然とポジティブな言葉を使うクセをつけてしまいましょう。そうして頭のなかをポジティブな言葉だらけにすることで、ネガティブな思考グセからさっさと抜け出してしまいましょう。自分を否定したり、結果の伴わないダイエットを悲観したりすることもなくなるはずです。

引き寄せの実体験
バナナを引き寄せてみる

ではここで、引き寄せの実験をしてみましょう。その練習として「バナナ」を使いたいと思います。

ヤセたいのに自分には無理かも、また太ったらどうしようなどと思って不安になっていると、不安な気持ちを引き寄せてしまいます。それは「自分にはヤセることなんかとてもじゃないけどできない」というように、自己肯定感が低いからです。でも「私にはバナナを食べる価値がない」と思う人がいるでしょうか。**引き寄せにはこういう執着のなさが大切**なのです。

では、バナナの色や形、感触、味などをイメージしてみてください。こうしてイメージするときに大切なのは執着をなくすこと。バナナなら、どうしても食べなければいけないわけでもないので、食べられなかったらどうしようう、と不安になることはありませんよね。これが執着のない状態です。

実際に講座生と一緒にバナナを使って引き寄せをしてみたことがあります。すると、どうでしょう。普段テレビを観ない私が、たまたまテレビをつけたら、「バナナはどうしたら真っ二つに割れるのか」という番組でした。バナナのスイーツをいただいたり、イラストを見かけたり、人からもらったり……どんなふうにバナナがやってくるのかはその人次第です。それにもし、バナナで引き寄せがうまくいかなくてもたいして気にならないはず。**執着していないからこそ、引き寄せは成功するんです。**

先日仕事でハワイに行ったとき、コーヒーを無料で飲みたいなと思いコーヒーを引き寄せてみようと思い立ちました。するとなんと、ハワイに滞在中にコーヒーのオンラインギフト券が4人の人から送られてきたのです！

こうして、バナナやコーヒーなど、**身近で小さなものから、徐々に大きな願いを引き寄せていきましょう。**引き寄せは、最初は半信半疑でも、自分が実際に小さなものから引き寄せられることを体験して、納得していくしかありません。**小さな成功が「思っていることは叶うんだ！」という自信につながる**からです。そうしてどんどん、理想の自分を叶えていってくださいね。

財布を整えて〝豊かさ〟を引き寄せていく

私が日ごろ気をつけていることのひとつに、お財布の使い方があります。**お金にもエネルギーがあり、エネルギーの扱い方によって、よいほうにもそうでないほうにも転んでしまう**と考えています。

就職したてのころは収入もさほどなく、お金の不安でいつも頭がいっぱいでした。お金がすべてではないけれど、なんだかんだいってもやっぱりお金は大事。お金がない、ほしいものが買えない、節約しなくちゃいけない。不自由だと思っていると、お金に対する負の感情から抜け出すことができないのです。こういう感情は現実化します。だからこうした負の感情を手放すためにお金を大切に扱うように心がけることにしました。

財布には基本的にはお札だけ入れます。そしてこまめに銀行に行って、できる限り新券をもつようにします。いつも新券をもっていると、例えば人と一緒に食事をしたときに代表で払ってもらう人や、受け取る店員さんにも「丁寧な女性だな」「品がいいな」というイメージをもってもらいやすくなります。また、新券だと、お金の扱いが実際、丁寧になるものです。ほかにも、小銭とカードは財布には入れず、別でもつようにし、レシートは別で保管します。こうしてお財布のなかでお金が居心地がいいだろうなという環境をつくるようにしています。お金も素粒子からできていて、波動エネルギーがあり、**居心地のいいところに寄っていくもの**だからです。

そしてもうひとつ、「私のお財布にはいつもお金がある」という気持ちになれるように、できるだけ多くの紙幣を入れるようにしています。大金ということではありません。例えば3万円なら、千円札30枚。1万円札3枚より、千円札30枚のほうが視覚的に「お金がある」という認識になるので「私はお金をもっている」というセルフイメージにつながりやすいのです。また、数千円多めにもっていると、ある程度使っても財布のなかに紙幣が残っているので「なくなった」「減った」という感覚とは縁遠くなります。

こうして「私はもっている」と思うことで、「もっている」を現実化していくのです。

運気アップのためにしている日々のいろいろ

私は普段のなかでもちょこちょこと運気アップするようなことをやっているので、ちょっとだけ紹介しましょう。

まずは**断捨離**です。目に見えて物が減って、身のまわりがすっきりするので、なんだか身体が軽くなったような気持ちになります。断捨離のおかげで物は今までの3分の1くらいになりました。

そして日課にしているのは**トイレと水まわりの掃除**です。風水でも水まわりをキレイにしておくと運気アップするといわれているので、取り入れてみました。簡単だし、使うとき気持ちがいいので、毎日行っています。

時間をみつけて**神社にも足を運びます。**目的は邪気を浄化し、初心に戻るためです。神社は緑が多く、空気がキレイなので気持ちがリセットされます。

さらに、**植物やお花をたくさん飾っています。**植物のエネルギーをもらい、毎日飾って「キレイだな」と思うことで、潜在意識にも影響して自分のキレイもつくられるということを、本で読んだことがあるからです。

また、**玄関や水まわりには、お清めのために盛り塩をします。**

明るい色の洋服を着ることも心がけています。暗い色ばかり着ていると、暗い印象になってしまいますから。講座生で、いつもダークトーンでまとめている人がいました。そこで思い切って花柄のワンピースを着るようにすすめたみたところ、本人は「似合わないから」と遠慮気味でしたが、実際に着てみると印象が全然違う！　そう感じたのは私だけではありませんでした。表情も明るく、よく笑うようになり、間もなく彼女には恋人ができたのです。「似合わない」と思っているのは自分だけだったのですね。

色は人の印象を左右するだけではなく、パワーももっています。黄色は元気が出る、ピンクは恋愛運、黒は信頼感が上がる、などというように。

でも、これらのことで絶対運気が上がるはずだ！　上がらなかったらおかしい！　などと執着する必要はありません。毎日の習慣のなかに取り入れてみたら気持ちがいいなと思えたり、思考がクリアになるな、と感じたりすることだけで十分ですよ。

おわりに

この本を手に取っていただき、心から感謝申し上げます。エステティシャン、インストラクターを経験し、ダイエットコーチや美容家として活動しはじめたあとも、いろいろなことがありました。運動することばかりにかたよってがんばって運動しているにもかかわらず、思い通りの体型にならなかったときもありました。だからさらに必死になって、毎日毎日運動して……いつしかダイエット＝大変なものになっていました。

そこでもう一度ボディメイクの基本に立ち戻り、丁寧に身体をほぐしはじめてみたら、それまでのような大変な思いをしなくとも、身体が変わりはじめたのです。少しずつの積み重ねによってヤセやすい身体に変えることができて、無理して必死でがんばるダイエットから卒業できました。「脂肪ほぐし」は、とにかく継続することが大切です。

毎日の積み重ねだから、できるだけ無理なく、楽しみながら続けられることがいい。身体をほぐすのは気持ちいいし、身体も楽になります。何より習慣になるとやらなければ気持ち悪い、に変わります。それに、身体が変わりはじめると、嬉しくなって、自分磨きにより積極的になれます。

ダイエットや美容はもっとキレイになりたいという前向きな感情です。

今までダイエットに苦労してきた人も、がんばるダイエットは卒業して、焦らず、よくなっていく自分の姿をイメージしながら毎日ちょっとの心がけでできることを楽しみながら取り組んでください。

この本をきっかけにもっとハッピーに。理想の自分を手に入れることができますように。

STAFF

装丁・本文デザイン　木村由香利
イラスト　内山弘隆
　ラウンドフラット
　（筋肉・骨）
撮影　長谷川梓
スタイリスト　明石幸子
ヘアメイク　イワタユイナ
フードスタイリング　大友育美
校正　深澤晴彦
取材・文　峯沢美絵
編集　佐藤友美
　（ヴュー企画）
編集統括　吉本光里
　（ワニブックス）

衣装協力／高装

伝説の脂肪ほぐし

著者　千波

2019年3月10日　初版発行
2020年9月10日　3版発行

発行者　横内正昭
編集人　青柳有紀

発行所　株式会社ワニブックス
〒150-8482　東京都渋谷区恵比寿4-4-9　えびす大黒ビル
電話　03-5449-2711（代表）
　03-5449-2716（編集部）
ワニブックスHP　http://www.wani.co.jp/
WANI BOOKOUT　http://www.wanibookout.com/

印刷所　株式会社 光邦
製本所　ナショナル製本

定価はカバーに表示してあります。

本書で紹介した方法を実行した場合の効果には個人差があります。また、持病をお持ちの方、現在通院をされている方は、事前に主治医と相談の上、実行してください。

ISBN 978-4-8470-9771-3

y Lesson Chinami
nami's Legendary
y Lesson Chinami
nami's Legendary
Lesson Chinami